公路工程施工技术应用

刘志　彭东黎　叶生　著

延边大学出版社

图书在版编目（CIP）数据

公路工程施工技术应用 / 刘志，彭东黎，叶生著. -- 延吉：延边大学出版社，2023.3
ISBN 978-7-230-04580-3

Ⅰ. ①公… Ⅱ. ①刘… ②彭… ③叶… Ⅲ. ①道路施工 Ⅳ. ①U415

中国国家版本馆CIP数据核字(2023)第046423号

公路工程施工技术应用

著　　者：刘　志　彭东黎　叶　生	
责任编辑：董　强	
封面设计：正合文化	
出版发行：延边大学出版社	
社　　址：吉林省延吉市公园路977号	邮　　编：133002
网　　址：http://www.ydcbs.com	E-mail：ydcbs@ydcbs.com
电　　话：0433-2732435	传　　真：0433-2732434
印　　刷：廊坊市广阳区九洲印刷厂	
开　　本：787×1092　1/16	
印　　张：10	
字　　数：200 千字	
版　　次：2023 年 3 月 第 1 版	
印　　次：2023 年 3 月 第 1 次印刷	
书　　号：ISBN 978-7-230-04580-3	

定价：68.00元

前　言

进入 21 世纪以来，我国的经济发展较快，交通运输业迅猛发展，由于我国大力支持互联网技术和科技创新，在这一政策的推动下，运输业的规模越来越大，现有的交通网络已经不能适应运输业发展的要求，所以公路建设不断加强。随着公路建设技术日趋成熟，公路建设的质量也得到了较大提高，理论结合实践使我国公路工程施工技术获得了较大发展。

本书以公路工程施工技术应用为核心，分为三个部分进行介绍，第一章至第四章为第一个部分，介绍的是公路工程路基施工技术的相关内容，包括填方路基施工技术、挖方路基施工技术以及特殊路基施工技术等内容；第五章至第七章为第二个部分，介绍的是公路工程路面施工技术的相关内容，包括水泥混凝土路面施工技术以及沥青路面施工技术等内容；第八章至第九章为第三个部分，分别介绍了公路工程施工安全管理和公路工程质量管理的相关内容。

为了确保研究内容的丰富性和多样性，作者在本书写作过程中参考了大量与公路工程施工技术相关的文献，在此向有关专家、学者表示衷心的感谢。最后，因为作者水平有限，再加上时间仓促，本书难免存在疏漏和不足之处，还请同行专家和读者朋友批评、指正。

笔者

2023 年 1 月

目 录

第一章 公路路基工程施工 1

 第一节 路基的概念与分类 1

 第二节 公路路基工程施工技术要点 4

 第三节 公路路基工程施工特点与管理要求 7

第二章 填方路基施工技术 11

 第一节 公路填方路基施工技术 11

 第二节 路基填筑与压实施工技术 15

 第三节 公路桥涵构造物与路基过渡段施工技术 19

 第四节 桥涵台背及构造物回填的施工 26

第三章 挖方路基施工技术 29

 第一节 挖方路基施工的特点和原则 29

 第二节 挖方路基施工流程和质控要点 31

第四章 特殊路基施工技术 34

 第一节 软土地区路基施工技术 34

 第二节 黄土地区路基施工技术 40

 第三节 岩溶地区路基施工技术 42

1

第四节　冻土地区路基施工技术 47

　　第五节　膨胀土地区路基施工技术 53

第五章　公路路面基层施工技术及管理 58

　　第一节　路面基本知识 58

　　第二节　公路路面基层施工技术要点分析 71

　　第三节　公路路面工程基层施工管理 73

第六章　水泥混凝土路面施工技术 78

　　第一节　水泥混凝土路面的基础知识及施工技术 78

　　第二节　水泥混凝土路面施工质量管理 82

　　第三节　水泥混凝土路面滑模施工技术 87

第七章　沥青路面施工技术 92

　　第一节　热拌沥青混合料路面施工 92

　　第二节　冷拌沥青混合料路面施工 100

　　第三节　沥青贯入式路面施工 103

　　第四节　透层、黏层、封层的作用和施工要点 107

第八章　公路工程施工安全管理 112

　　第一节　公路工程施工安全管理基础知识 112

　　第二节　公路施工安全管理存在的问题及应对措施 117

　　第三节　公路工程施工安全管理体系构建 122

第九章 公路工程质量管理 ... 127

第一节 公路工程质量控制的内容 ... 127

第二节 公路工程质量缺陷 ... 132

第三节 公路工程质量检验评定 ... 134

第四节 路基工程质量检验 ... 142

第五节 路面工程质量检验 ... 145

参考文献 ... 148

第一章　公路路基工程施工

第一节　路基的概念与分类

现阶段，随着我国经济发展速度不断加快，城市化建设进程也不断加速，道路交通运输既有新的发展机遇也面临着较大的挑战，比如人们对公路工程质量的要求越来越高。路基工程是公路工程的重要组成部分，在此，笔者先对路基的概念和分类进行简要的介绍。

一、路基的概念

路基是路面的基础，是线形承重主体，承受着自身土体的重量和路面结构的重量，以及由路面传递下来的行车荷载，所以路基是公路的承重主体。公路路基属于带状结构，随着天然地面的高低起伏，标高不同。坚固的路基，不仅是路面强度与稳定性的重要保证，而且能为延长路面使用寿命创造有利条件，所以路基路面的综合设计至关重要。路基需根据路线设计，精心布置，确定标高，为路面结构提供具有足够宽度的平顺基面。

为了确保路基的强度与稳定性，使路基在外界因素的作用下，不致产生不允许的变形，在路基的整体结构中还包括各项附属设施，如路基排水，路基防护与加固，以及与路基工程直接相关的设施，如弃土堆、取土坑、护坡道、碎落台、堆料坪及错车道等。由于路基标高与原地面标高有差异，且各路段岩土性质的变化，各处附属设施的布置不尽相同，因此各路段的路基横断面形状差别很大。路基横断面形式的选定和各项附属设施的设计，也是路基设计的基本内容。

二、路基的分类

一般路基通常指在正常的地质与水文等条件下,填方高度和挖方深度小于规范规定高度和深度的路基。通常认为,一般路基可以结合当地的地形、地质情况,直接选用典型断面图或设计规定,不必进行个别论证和验算。对于超过规范规定的高填、深挖路基,以及地质和水文等条件特殊的路基,为确保路基具有足够的强度与稳定性,需要进行个别设计和验算。

通常根据公路路线设计确定的路基标高与天然地面标高是不同的,路基设计标高低于天然地面标高时,需进行挖掘;路基设计标高高于天然地面标高时,需进行填筑。根据填挖情况的不同,路基可分为路堤、路堑和填挖结合路基三种类型。路堤是指全部用岩、土(或其他填料)填筑而成的路基;路堑是指全部开挖形成的路基;当天然地面横坡比较大,一侧开挖,另一侧填筑时,称为填挖结合路基,也称半堤半堑路基。具体如图1-1所示。

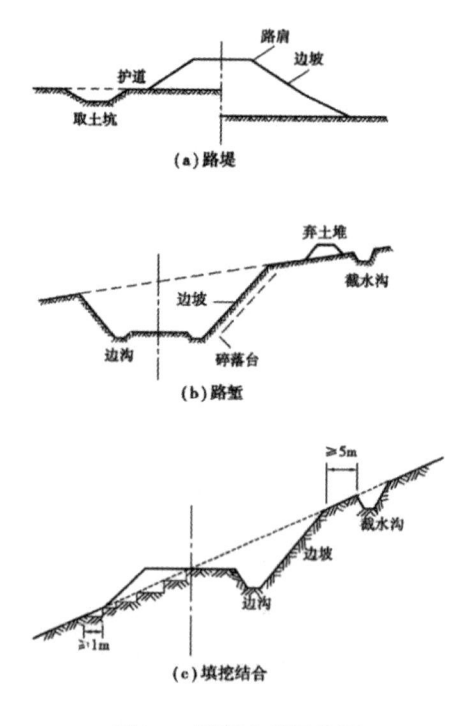

图1-1 路基分类示意图

（一）路堤

路堤又称填方路基，即路基设计高程大于原地面高程的路基。根据填方路基的高度不同，又可分为矮路堤（1～1.5 m）、一般路堤（1.5～18 m）和高路堤（18～20 m）。矮路堤常在平坦地区取土困难时选用。平坦地区地势低，水文条件较差，易受地面水和地下水的影响，设计时应注意满足最小填土高度的要求，力求不低于规定的临界高度，使路基处于干燥或中湿状态。路基两侧均应设边沟。矮路堤的高度通常接近或小于路基工作区的深度，除填方路堤本身要求满足规定的施工要求外，天然地面也应按规定进行压实，达到规定的压实度，必要时进行换土或加固处理，以保证路基路面的强度和稳定性。

高路堤的填方数量大，占地多，为使路基稳定和横断面经济合理，需进行个别设计，高路堤和浸水路堤的边坡可采用上陡下缓的折线形式，或台阶形式，如在边坡中部设置护坡道。为防止水流的侵蚀和冲刷，高路堤和浸水路堤的边坡，须采取适当的坡面防护和加固措施，如铺草皮、砌石等。

（二）路堑

路堑常见的几种横断面形式有全挖路基、台口式路基及半山洞路基。

坡可视高度和岩土层情况设置成直线形式或折线形式。挖方边坡的坡脚处设置边沟，以汇集和排除路基范围内的地表径流。路堑的上方应设置截水沟，以拦截和排除流向路基的地表径流。

挖方弃土可堆放在路堑的下方。边坡坡面易风化时，在坡脚处设置 0.5～1 m 的碎落台，坡面可采用防护措施进行保护。

陡峻山坡上的半路堑，路中线宜向内侧移动，尽量采用台口式路基，避免路基外侧有少量填方。遇有整体性的坚硬岩层，为节省石方工程量，可采用半山洞路基。

挖方路基处土层地下水文状况不良时，可能导致路面遭到破坏，所以对路堑以下的天然地基，要人工压实至规定的程度，必要时还应翻挖，重新分层填筑、换土或进行加固处理，加铺隔离层，设置必要的排水设施。

（三）填挖结合路基

填挖结合路基的几种常见横断面形式有一般填挖路基、矮挡土墙路基、护肩路基、砌石护坡路基、砌石护墙路基、挡土墙支撑路基、半山桥路基。位于山坡上的路基，通常要保证路中心的标高接近原地面的标高，以便减少土石方数量，保持土石方数量横向平衡，形成填挖结合路基。若处理得当，路基稳定可靠，是比较经济的断面形式。

填挖结合路基兼有路堤和路堑的特点，上述对路堤和路堑的要求均应满足。填方部分的局部路段，如遇原地面的短缺口，可采用砌石护肩。如果填方量较大，也可就近利用废石方，砌筑护坡或护墙，石砌护坡和护墙相当于简易式挡土墙，能承受一定的侧向压力。有时填方部分需要设置路肩（或路堤）式挡土墙，确保路基稳定，进一步压缩用地宽度。如果填方部分悬空，而纵向又有适当的基岩时，则可以沿路基纵向建成半山桥路基。

上述三类典型路基横断面形式各具特点，分别在一定的条件下使用。由于地形、地质、水文等自然条件的差异很大，且路基位置、横断面尺寸及要求等也应服从于路线、路面及沿线结构物的要求，所以路基横断面类型的选择必需因地制宜，综合设计。

第二节 公路路基工程施工技术要点

在公路工程中，路基是公路的基础，只有保证路基施工质量，才能确保公路工程的顺利进行。为了提高公路路基施工质量，必须在施工中根据工程的实际情况采取相应的施工技术，并对遇到的问题进行妥善处理，有效排除外界因素对施工质量的影响，保证路基的稳定性，延长公路的使用寿命，促进公路运输行业的发展。在此，笔者对公路路基工程施工技术进行探讨。

一、路基排水施工技术

在路基施工过程中，如果存在积水现象，就会对路基的强度与稳定性造成一定的影响，因此施工单位必须重视防水施工技术的应用，以有效降低积水对路基施工质量的影响。在具体的施工中，需要采取以下排水技术。

第一，地表排水技术。地表排水技术主要包括急流槽、截水沟以及边沟等技术。在这些技术的应用过程中，需要注意，如果公路等级较高，必须对排水沟渠采取必要的防护措施。与此同时，如果路基处于水网较高的区域，需要对灌溉沟渠的路线进行重新分配，避免路基施工受到积水的影响。

第二，地下排水技术。地下排水技术主要包括盲沟、暗沟、渗沟以及渗井等技术，如果水流量较大，需要采用配备渗水管的渗沟，如果路基中存在沙砾料反滤层，应尽量采用土工织物。与此同时，最新研发的软式渗水管也已经被广泛地应用在地下排水中，这种渗水管的直径为 8～30 cm，由加强合成纤维、钢圈以及滤布构成。

第三，路面排水技术。路面排水的作用是迅速排出路面积水，避免积水通过路面渗入路基中，对路基造成损害。这种排水技术主要有分散排水与集中排水两种方式。

二、基底施工技术

在路基施工中，基底施工技术主要包括以下内容。

第一，基底压实技术。在进行基底压实前，需要对路面进行急性清理，并做好纵向填挖准备。如果为半填半挖路段，需要对其进行综合考量，需要区分不同情况，在挖方区的填充中，需要选择具有良好渗水性的材料，并对路床附近进行回填碾压，在其边缘安装土工格栅。在开挖填石路基时，需要对黄土含水量进行评估，保证黄土含水量满足施工技术标准的要求，如果含水量过高，需要添加石灰，提高黄土的干燥度，达到标准要求。

第二，基底强夯技术。在路面平整后，需要对基底进行定位与测量，以便确定强夯范围。在强夯操作前，需要根据基底实际情况确定夯点位置，因此必须严格控制测量误差。在强夯过程中，需要保证机械中心与夯点对齐，提高准确率。

第三，基底加灰技术。在对基底进行加灰操作前，需要对基底进行清理，将其中存在的杂物清理干净，并且采用抽样检查的方式检验石灰用料是否合格。在具体的掺灰过程中，需要进行严格的控制，比如在场外要对回填灰土进行充分搅拌，避免出现生土团与石灰窝等现象。与此同时，还要保证混合料中的最大粒径符合相关要求。

三、路基防护技术

由于公路路基在施工时，对自然底层的平衡状态进行了改变，路基会受到外界自然环境的影响。所以，在施工的过程中，技术人员要使用各种防护措施对公路路基进行防护。

第一，冲刷防护技术。在对沿河路基进行防护时，为了有效地防止路基被河水冲刷，应采取直接防护技术。对传统的石笼、挡土墙以及砌石等措施进行改进，在制作石笼的过程中，可以使用土工格栅代替铁丝，获得更高的强度，以避免边坡受到河水的冲刷，防止出现土体不均匀沉降等问题。

第二，坡面防护技术。对公路路基进行坡面防护的目的是防止地表水对坡面造成侵害，进而造成坡面岩土风化、剥落等问题。在目前的路基坡面防护中，主要采用石砌圬工的防护技术，而对于路堤边坡，一般采用混凝土预制块进行防护，而路堑边坡则通常使用带窗空的护面墙进行防护。与此同时，对于岩石路堑边坡，为了获得良好的防护效果，可以使用高强度的塑料网格喷浆或喷射纤维混凝土进行防护。在这些防护技术中，石砌圬工与混凝土防护的成本较高，并且会对环境造成污染。为了避免环境污染，可以采用种草防护的措施，既防止水土流失，又保护了生态环境。

第三，支挡防护技术。在基底的支挡防护施工过程中，需要采用挡土墙技术。如果石料充足，并且地基具有良好的承载能力，通常采用石砌重力式挡土墙。由于板柱挡土墙、扶壁式挡土墙等防护措施具有体积小、价格低的优势，因此被广泛应用在支挡支护中。而垛式挡土墙是一种新型的支挡防护技术,需要通过预制构件拼装形成,可以随意调整高度。

总而言之,在公路工程中,路基施工质量会受到地质、水文、施工技术等各方面因素的影响,造成施工质量无法满足工程设计的要求。因此,在公路工程地基施工中,必须根据工程实际情况选择合适的施工技术,提高路基的强度与结构的稳定性,以此促进公路工程施工质量的提升。

四、软土地基处理技术

这项处理工作会用到轻质路基、加固合成材料及灰土挤密桩等。若是软土地基的含水量不符合标准,就需要施工人员采用灰土挤密桩来解决问题。若是软土地基的含水率过高,那么可以在孔内添加石灰粉和土粉来解决,以此控制软土基的水分;若是含水率过低,那么要在加固前期浸湿土层,而后做成孔套管,以此降低流水对土层的影响。另外,施工人员还要加大对地基承载力的关注,若是承载力过低,要采用轻质材料加以填筑。通过当前路基工程建设情况可知,我国通常会采用粉煤灰等材料进行施工,这样有助于降低路堤自重。

第三节 公路路基工程施工特点与管理要求

一、公路路基工程施工特点

在公路建设过程中,路基工程是非常重要的组成部分,因此,需要针对公路路基工程特点开展深入分析,做好施工控制。首先,在公路路基工程建设过程中,工程任务量较大,很多内容都需要采取积极的手段来处理,要加强技术的联合运用,尽量减少单一技术造成的不足，从而避免对今后的工作造成不利影响。其次，在公路路基工程施工方面，必须针对各项动态因素作出积极的应对处理，从根本上提高技术的可靠性、可行性。最后，公路路基工程施工应针对工程自身的特色和限制条件采取合适的施工技术。

二、公路路基工程施工管理要求

在经济快速发展的过程中，公路工程建设项目日益增多，公路路基施工管理在公路路基建设中发挥着重要作用。但是在路基工程施工管理的过程中，需要认真对待准备工作、加强施工过程的质量管理、完善技术管理体系、注重对施工现场的机械管理、加强路基工程施工的监督工作、加强施工项目进度与安全管理。

（一）强化准备工作

就公路路基工程本身而言，在建设的过程中，需要注重各方面的细节。准备工作是前期技术控制的重要组成部分，即便是出现了很小的问题，都容易造成很大的安全隐患。因此，做好准备工作至关重要。

首先，需要收集公路沿线的地质情况、水位情况等相关资料。其次，对公路路基施工图、相关技术文件等进行会审，明确技术控制要点与管理重点。最后，对公路沿线的地下管线等资料进行收集，同时还要考虑施工组织设计及施工方案的科学性与合理性，并对施工所用材料的检验报告进行整理。

做好准备工作，确保各项资料的准确性，有助于做到事前预防。

（二）加强施工过程的质量管理

现如今的公路路基工程与以往有很大的区别，如果继续按照传统的模式来开展技术控制和施工管理，将无法得到预期效果，还容易在具体工作的实施过程中遇到各种问题。因此，在公路路基工程的施工过程中，需要优化施工管理和技术方案。

第一，要加强对路基施工的干预。在公路的建设过程中，路基对工程质量具有决定性的影响，通过对路基施工进行必要的干预，改善施工方法，可有效提升施工质量。

第二，当代的科技发展十分迅速，很多设备都具有较高的性能。针对路基工程，要综合应用多项技术设备，确保通过新技术、新设备、新方法来提高施工质量。

第三，所有的路基材料都必须提前进行测试分析，观察是否符合要求。

第四，加大施工人员的培训管理，优化人员结构，确保施工人员的水平。

（三）完善技术管理体系

结合以往的工作经验和当下的工作要求，在公路路基工程的技术控制和施工管理过程中，还需要不断完善技术管理体系。

首先，在技术实施过程中，应加强技术指导，要求技术人员了解编制方案，切实预测各种技术问题出现的可能性，并采取相应的预防措施。在施工过程中要做好技术监督。

其次，在技术管理过程中，需要定期分析技术应用效果，观察公路路基工程的整体建设、细节操作是否符合预期标准，针对出现的隐患和安全问题，要及时解决，避免造成恶劣的影响。

最后，针对各方面因素的变化，要灵活应对。比如遇到天气问题和国家的相关规范变化时，必须在技术上及时处理。

（四）注重施工现场的机械管理

公路路基工程的施工管理不仅体现在施工技术和施工工序的安排上，还体现在对施工现场机械工具的管理上。施工现场工序繁多，如果忽视对机械设备的管理，可能会导致工程进展缓慢，不利于施工效率的提高。所以必须从实际出发，使每一步的机械管理都落实到位，尤其要做好工程机械的维护，确保机械工作状态良好。在进行施工之后，要注重对机械工具进行统一管理，及时进行检查和维护，发现问题要及时处理。

（五）加强路基工程施工的监督工作

在路基工程施工过程中，应该建立专业的监督队伍，强化监督作用。项目管理过程中应将各监督队伍的内监督和外监督结合起来，以便更好地保证整个公路工程的质量。避免监督人员在监督过程中，只重视企业的利益而忽视工程质量。而且，监督人员应该做好与其他部门人员的沟通和协调工作，发现问题应该及时通知相关部门整改。

（六）加强施工项目进度管理

针对公路路基工程施工过程的管理与控制，要从公路路基工程的整体入手，在施工管理中，要重视对施工项目进度的管理和控制，明确整个工程的建设规划，从而对整个公路工程项目进度进行合理的控制。在某段路基工程施工完以后，要对其施工计划和施工进度进行比较，然后根据两者的差距进行调整，从而优化整个施工流程。

（七）做好施工的安全管理

在路基工程施工过程中，要确保施工材料分类堆放，并做好相应的标识，确保安全通道的畅通。还要确保施工现场干净整洁，要定期维护与保养相关施工设备。

安全生产责任制的建立也非常重要，要让工作人员有安全意识与自我保护意识，定期组织工作人员培训，防止安全事故发生。要建立相应的应急处理小组，防止在施工过程中出现突发事件，确保安全施工。

公路路基工程的施工管理涉及的内容很广，需要施工人员根据现场的实际情况，采取科学、合理的施工工艺和施工方法，优化施工管理方案，从而更好地确保施工管理效果，提高施工质量。

第二章 填方路基施工技术

第一节 公路填方路基施工技术

所谓填方路基就是在公路工程施工过程中,由于对山体进行开发、架桥、挖隧道所产生的大量的废石渣形成的路基。在路基的施工过程中,一般使用具有一定黏性的填充材料,以此来提高路基整体的稳定性,保证公路施工的安全。

一、公路施工中填方路基施工技术的作用

（一）提高施工技术水平,促进填方路基施工顺利进行

在填方路基施工中,落实施工技术是关键与核心,也是质量控制过程中不可忽视的内容。如果施工单位经验不足,技术水平偏低,则不能保证填方路基工程质量,容易导致质量缺陷。而采取措施加强质量控制,落实施工技术,能有效实现对质量问题的预防,推动工程建设顺利进行,并且对于存在的缺陷及时修复和处理,为填方路基工程建设创造条件。

（二）推动相关技术运用,延长填方路基使用寿命

延长填方路基使用寿命,促进其充分发挥作用,这也是工程建设的重要任务。但在项目施工过程中,一些施工人员不注重加强工程质量控制,施工技术没有得到严格落实,难以保障工程建设效果。为了解决这些问题,应该制定工程质量控制目标,确保原材料质量,加强填方路基碾压质量控制,保障路基压实度,并对出现的质量问题及时修

复，确保填方路基工程质量提升，预防质量缺陷发生，延长填方路基使用寿命，满足车辆通行需要。

（三）完善施工技术，提高填方路基工程质量与效益

落实施工技术措施，保证工程质量，这是填方路基工程建设的重要内容。如果技术措施不恰当，质量管理不到位，则不利于保证施工效果，容易导致质量事故发生，降低填方路基工程的质量和效益。而施工单位和施工人员通过完善的施工技术，加强施工全过程控制，能顺利完成工程建设任务，预防压实度不够、路基下沉等问题发生，进而有利于确保公路工程建设的质量和效益。

二、公路工程填方路基施工的具体流程

（一）施工之前的准备工作

施工人员在进行公路工程填方路基的施工建设之前，要仔细研究施工的图纸和施工过程中所应用到的公路填方路基施工技术，还要对公路施工的现场进行实地考察和研究，观察施工现场的自然环境、地势条件，看其是否属于地质灾害高发区，对公路工程填方路基的整体情况和施工流程有具体的把握和了解。要选择利于施工的原材料、施工的相关设备等，保证在不同的施工条件下，选择最适合的施工原材料；要选择技术含量高的施工设备，这样才能保证填方路基施工的顺利进行。很多填方路基在施工之前都需要进行爆破工作，施工检测人员在爆破以后，要了解石方的石质、软硬程度、风化程度、抗腐蚀程度等情况，并根据这些情况确定岩压的程度，来选择合适的施工原材料和施工设备。除此之外，公路施工单位还要在施工之前对施工人员进行相关的培训和教育，帮助大家树立严谨、认真的工作态度，使每一项填方路基施工的责任落实到个人，以此来保证施工的顺利开展和施工的质量。

（二）填方路基施工的检测

公路工程填方路基在施工中要对施工路基的薄厚程度、需要压实的次数以及填料所需原材料的粒径等进行检测。这样可以在充分了解填方路基相关的情况下，选择适合公路施工的原材料和施工设备，以此来保证施工的质量。检测人员在检测公路路基压实度时，首先要保证在检测时，施工现场的施工条件不发生变化，能够在相同的施工环境下进行公路路基压实度的检测，根据这些检测数据来选择适合公路填方路基施工的设备，根据对石方的测量数据选择公路施工所需要的原材料的直径、路基的厚度、公路碾压的密度以及次数等施工的基本条件。

填方路基施工检测的具体步骤如下。

①在检测开始之前，要选择施工的检测路段，选择的检测路段最好是在路段的断面或者是具有很强代表性的路段，能够代表整体道路的施工情况和施工条件，而且检测路段的长度最好不要少于 500 m。

②公路施工的检测人员要根据道路的情况和周围的地势环境，根据施工之前测量的参考数据，选择公路填方路基施工的相关施工设备和技术参数等内容。

③保证施工人员的施工技术和施工设备的质量，要选择合适的施工设备和施工技术，施工单位要派遣具有丰富施工经验和施工技术的人员进行施工。

④在施工过程中，还要对施工的路基厚实程度、石方的石料情况有充分的了解，以此来保证路基建设的压实度，在建设中还要对建筑材料进行铺摊，对施工的公路进行压实。

（三）填方路基的施工程序

公路工程填方路基的施工程序主要包括以下几个步骤。

①在做好公路工程填方路基施工的准备工作以后，要把填路的材料运输到工地现场。

②材料运输完成以后，在工地上进行堆积。

③对材料进行摊铺。

④摊铺工作完成以后，利用相关的施工设备对大粒径的石料进行破碎处理，减少大粒径石料。

⑤补充细石料。

⑥摊铺等工作完成以后进行人工找平，进行适当的修整和填充。

⑦对公路进行碾压。

⑧由施工人员进行质量检查，对不合格的路段进行整改。

⑨进行下一层的施工工作。

三、公路工程填方路基施工的关键技术控制

（一）公路填方路基的质量技术

在公路工程填方路基施工过程中，填方路基的质量技术是关键技术。在填方路基施工的各个程序中，尤其是对压实度填料的最大粒径、压实沉降差、碾压的次数等规格有严格的要求和控制。而且施工的质量主要指的是对施工工艺的检测和工艺之间的配合，施工人员在施工过程中要加强对施工质量的检查，对每一项施工工艺进行监测，这样可以及时发现施工过程中的问题和不足之处，可以及时地纠正和完善。对于施工质量不合格的公路路段进行返修，坚决不允许放过质量较差的公路路段，要注意提高公路施工的质量。

（二）填方路基的选择技术

填方路基的选择离不开公路施工的自然环境、地势地形等基础条件，施工人员在掌握基本的公路施工条件的情况下，可以根据实际的设计要求和相关的设计图纸进行填方路基的选择和建设。

（三）填方路基的表面处理技术

在公路工程填方路基的建设过程中，压实、填料、摊铺等完成以后，对公路路基的表面也要进行维护和监测。公路路基的表面大部分由粉煤灰或土等材料进行铺平，在铺平的过程中不能出现缝隙和凹凸不平等情况，否则会影响日后公路的使用和维护，会大大降低公路的使用寿命。

公路工程填方路基的施工是目前我国公路施工中应用较为广泛的施工技术，它具有很强的适应性，能够在地势比较复杂、自然环境相对脆弱的条件下进行。填方路基施工技术既能够保护施工地区的自然和生态环境，又能够降低施工的成本，进行节约化施工。公路是我国经济发展的重要基础设施，所以我们要不断提高公路填方路基的施工技术，为国家公路建设的发展奠定良好的基础。

第二节　路基填筑与压实施工技术

一、路基填筑施工

（一）路堤基底的处理

填筑前，应先按招标文件技术规范要求，认真做好基底处理工作，根据基底土质、水文、植被情况及填土高度分别采取相应的处理措施。

施工便道打通之后，用推土机、平地机、挖掘机对路基填筑范围原地面上的树木、植物等进行清理，表土清除深度为10～30 cm，清除的表土杂物堆于施工便道对侧路基坡脚线与公路界碑之间。在深耕地段，应将土翻松、再整平、压实。经过水田池塘、洼地时，应根据具体情况采取换填、抛石挤淤等处理措施，确保路堤的基底具有足够的稳定性。

表面清理结束后，用平地机进行整平，用压路机对清表后的原地面进行碾压，压实度符合设计及规范的要求，清表质量、压实度、清表后高程及工程数量报监理工程师检验批准。

（二）填料试验与压实试验

就填筑路堤而言，最合适的土是砂砾土、砾土及亚砂土。这些土的内摩阻力小、黏结力小、渗水性强，其合理含水量空间较大，容易压实，又有足够的强度、稳定性，遇水不会过分软化。以这些土作填料不易引起路基沉陷。不过在施工前，均应对填筑土进行以下试验，即液塑限、塑性指数试验；颗粒大小分析试验；含水量、密度、相对密度试验；土的重型击实试验（以确定最大干实度和最佳含水量）；土的强度试验（值）；土的有机质含量及易溶盐含量试验等，以确定其能满足路基填筑的要求。

（三）施工前准备工作

1.施工放样

开工前，先进行导线、中线、水准点的复测，根据现场实际情况增设必要的导线点、水准点。测量成果经监理工程师核准后，再按图纸放出路基中线、坡脚、边沟、路堑坡顶、取土坑、弃土场等位置。

2.填方机具

推土机和平地机是填方作业必不可少的设备，特别是平地机，在控制填层厚度和形成平整度方面效果显著。

3.排水沟的设置

在施工前，应结合永久排水设施修建临时排水沟，如设置4%的横坡，或是在填方表面边沿做矮土埂拦水，土埂高约20~30 cm，沿路线约每50 m设一道泄水槽，槽底应铺隔水布或抹砂浆隔水等，以保持路基施工场地处于良好的排水状态。

（四）试验段施工

试验段施工应选在地质条件、断面形式有代表性的地段。通过试验段的施工，应确定以下施工参数：不同填料适宜的松铺厚度、最佳的机械配套、不同的压实机具和碾压遍数、最佳的施工组织等。

（五）填筑作业

1.土方路基填筑

土方路基的填筑应采用分层平行摊铺。每层铺填厚度应根据压实机械类型和规格确定，不宜超过 30 cm。每层填料铺设的宽度，应超出每层路堤设计宽度，以保证修整路基刷坡以后的路堤边缘有足够的压实度。填筑时，应均匀地把材料摊铺在路堤上，用平地机整平，并做出横坡。

2.石方、土方混填路堤的填筑

填石、土石路基只能采用分层填筑的方式，不得倾填。每层铺填厚度应根据压实机械的类型和规格确定，不宜超过 40 cm。在填筑时，每层填料要连续铺筑整个断面，不允许将爆破的混合料直接填至路堤，所填筑的石料的最大粒径不应大于层厚。

3.挖方路堑基底的处理措施

挖方路堑基底有渗水等病害时，必须根据实际情况采用有效措施进行处理，如进行换填、做盲沟、加深边沟深度等。土方、石方强风化地段，必须超挖，然后进行回填，压实度不小于设计值。

（六）路基填筑需要注意的问题

不同性质的填料应按水平分层分别填筑，不可混合到同一填筑层上，要保证该层强度均匀，特别是透水的与不透水的土，不得非成层地混杂使用，以免在填方内形成水囊，影响路堤的稳定。

填方相似作业段接口处若非同时填筑，则填筑地段应按坡度分层留好台阶；若同时填筑，则应分层相互交替衔接。

二、路基压实技术

压实工作是筑路工程的重要组成部分。压实机的选择和操作,是影响路基压实效果的重要因素。一级公路及高速公路对压实机械的吨位有一定的要求,一般不小于 18 t,多数采用 20 t 以上的压路机进行操作。

(一)路基压实的影响因素分析

从实践经验和路基检测情况分析得出,影响路基压实度的因素有碾压机具和方法、下承层强度、路基土含水量等诸多因素,主要有以下几种。

1.填筑材料

一般可以根据填料性质和要求达到的密实度,选择合理的压路机械,通过试铺试验段确定松铺厚度及碾压遍数,在填筑前对路基进行处理和压实等,解决压实功能、碾压工艺及方法、下承层强度等问题。

2.气候及土层含水量

填筑路基材料的含水量由于取土场、土石类型、气候、气象等因素影响变化较大,在施工过程中极难控制。因此,填筑材料的含水量是造成路基压实度难以达标的主要因素,只有在含水量最佳时进行压实,方可得到最大密实度。

3.现场操作及控制

在压实过程中,必须随时控制土的含水量,当含水量过大时,应晾晒风干至最佳含水量再碾压。在施工过程中应连续作业,减少雨淋、暴晒,防止土壤中的含水量发生大的变化。

4.施工界面

在施工中,还应重视狭窄面积和一些特殊部位(如施工段的交界处,构筑物的台背、墙背,施工机具不能到达之处等)的压实。在填筑时,应选择适宜的填料,并采用小型设备进行碾压,如平板振动夯实机、手扶双轮压路机等,将压实厚度控制在 10~30 cm,压实时要严格控制含水量。

（二）压实机具的选择

压实机具对压实效果的影响十分重要，同一种土的最佳含水量随压实功的增加而减少，而最大干密度随压实功能的增加而增加。在相同含水量下，压实功能越大，密度越高。一般来说，不同的填料和场地要选用不同的压实机具。

（三）路基压实作业

1.土方路堤的压实

土方路堤在碾压前，应用平地机进行整平，并使填料含水量大于最佳含水量（根据气候情况确定），先静压一遍，然后振动碾压一遍。

2.石方与土石混填路堤的压实

石方及土方混合料路堤压实前，应用推土机和平地机整出一个较密实和平整的工作面。所有填石孔隙都要用小石料和石屑人工填满、铺平，填料不得离析。在压路机碾压的过程中，继续用小石料或石屑填隙，直到重轮下的石料不出现松动，表面均匀、平整为止，一般情况下碾压一遍即可。

第三节　公路桥涵构造物与路基过渡段施工技术

通过对公路桥梁、涵洞与路基结合部位，即路桥过渡段桥涵的基坑、台背回填技术的研究，可以提高路桥过渡段的施工质量，改善行车舒适性、安全性，避免路面早期问题发生，延长公路桥涵的使用寿命。

公路桥涵与路基过渡段的施工质量直接关系到公路建成通车后道路的使用性能，最明显、直观地体现在行车的舒适性能和安全性能上，也直接影响道路的使用寿命、耐久性。在桥台构筑物与台后填土衔接处存在沉降差异,使得路面形成台阶或明显的纵坡变化,导致高速行驶的车辆通过时产生明显的颠簸或跳跃,即桥头跳车现象,这种现象在每条高速公路上几乎都存在,只是在数量和程度上有差别。桥头跳车不仅影响了行车的速度与舒适性,降低了道路的通行能力,同时也加速了桥台台背、桥头伸缩缝以及接缝路面的损耗,严重影响了高速公路的使用效益。同时,对路桥过渡段路面进行频繁的、大面积的养护和维修不仅消耗大量的人力、物力,也会对人们的出行造成影响。因此,为了尽可能地避免桥头跳车现象,就必须确保桥涵基坑和台背回填的施工质量符合标准。

一、影响路、桥过渡段平顺连接的主要因素

(一)软土路基处理不合格

在行车荷载作用下,天然地基会出现沉降。公路桥涵等结构物一般地处河流、湖泊或低洼软地基处,与桥涵相连的台背基坑或台背路基处理得往往不够彻底,特别是当天然地基压实度相对较大时,若不进行处理就直接填筑筑路材料,在行驶车辆产生的冲击荷载和路堤自重产生的附加应力作用下,路基必然会产生沉降。

(二)填料被压缩

台背、路基填料因含水分,存在孔隙,在施工中采取任何措施都很难将填料颗粒间的孔隙完全消除。在公路自重及车辆的垂直荷载与振动荷载的作用下,孔隙率逐渐降低,填料逐渐被压缩,密实度逐渐增大,使得在一定期限内产生路基沉降。

(三)路桥刚度性不均匀

刚度不同的路面在跳车处所产生的振动效果不同,柔性材料的减震效果要比刚性材料好。结构物桥台一般采用刚性很强的坚石砌筑或钢筋混凝土浇筑而成,具有较大的整

体刚度，属于刚性体；而与结构物桥台相连的道路，具有刚性较小、柔性较大的特点，属于弹塑性体。显然，道路与结构物桥台之间存在着较大的刚度差，这个刚度差的存在必然会使道路与结构物桥台之间产生较大的塑性变形相对差和较大的刚度突变，势必增强桥头跳车的振动效果。桥涵结构物刚度原本就远远大于台背路基，如果路基填料不断固结、密实、收缩，再加上自重作用，则会出现塑性变形，这样就会产生不均匀性沉降。

（四）基坑及台背路基压实不足

桥涵基坑、台背回填的范围相对正常路基施工作业面较小，大多存在大吨位机械碾压不到的死角。台背胸腔部分又始终存在模壁效应，在施工时更难以压实，这就不可避免地会产生非压实性沉降。

（五）路桥结合部病害

路桥衔接处常常出现结构性变形和开裂，雨水渗入会导致路基内伤性破坏沉降。

二、实际施工中的具体做法

要想使路桥过渡段衔接顺适、稳固，重视桥涵基坑、台背回填质量显得十分必要，在实际施工及管理过程中的具体做法如下。

（一）科学安排施工顺序

路线路基工程比桥涵主体工程提早半年安排施工，或台背回填后对过渡段进行加载预压3～6个月，这能最大限度地减少桥头路基的工后及使用期沉降量，保证了桥头路基与桥涵的平顺衔接。为保证盖梁底下及护坡前区回填土体的压实与稳定，应按照回填在先、盖梁在后的施工顺序，先将桥头回填填压至盖梁底部标高，修平之后，再立模浇注盖梁砼。若因施工紧迫做不到时，对于盖梁底下无法压实的部位，应在坚实的土基上采用水泥砂浆砌块塞实的做法，而后再继续完成台前、台后的回填。

（二）在路桥连接处设置桥头搭板

可以使在柔性路堤产生的较大沉降逐渐过渡到刚性桥台上。搭板的近台端置于桥台上，搭板与桥台通过锚筋相连，并在搭板与桥台接缝处填入沥青玛蹄脂，防止水分渗入。搭板的远台端搁置在路基上，路基沉降后搭板会发生纵向滑移，因此，必须在台顶与搭板之间设置锚栓。桥头搭板长度设计应根据路基的容许工后沉降值计算确定，其数值应为 3~15 m（当超过 8 m 时，宜设计成两段式或三段式搭板）。

为避免二次跳车，常在搭板的尾端加设一段浅埋的变厚式埋板，其长度一般为 3~5 m，对于水泥混凝土路面，也可以将与搭板连接处的路面板改为变厚式板。在搭板、埋板或变厚式板的下层，为保证与桥台连接部位的刚柔层次在水平和垂直方向均能渐次变化，建议采用强度及回弹模量均高于其他路段相对应的路面结构层材料，以提高该部位的整体受荷和抗冲能力，这样有利于减少错台幅度，调整不均匀沉陷，防止桥头跳车或二次跳车现象的发生。

（三）合理确定施工范围

台背回填位于台背这个特殊位置，压路机难以碾压到位，且机械振动力太大时，对台墙会造成影响，因此台背回填料的压实质量是影响台背回填沉降及跳车的一个重要因素。高速公路桥台、涵身背后和涵洞顶部的填土压实度标准，从填方基底或涵洞顶部至路基顶面均为 95%，填料分层松铺厚度宜小于 20 cm，当采用小型夯具时，松铺厚度不宜大于 15 cm。柱、肋式桥台的回填，要严格按照设计图和有关规定的要求范围，确保锥坡面稳定。施工中应满足作业平面的距离，以利于压路机的往返错碾。有条件者，也可以安排与主线路基同步进行，但必须保证回填范围内的压实度及基本尺寸。

（四）桥涵基坑、台背回填前基地的处理

施工前应首先对台前、台后回填范围之内的原地表进行场地清理，清除范围之内地表因钻孔遗留下来的泥浆、湿软土层，对坑穴和不实部位进行夯实、整平、清理，之后再全面进行填前压实，使其达到规定的要求。

为防止台背填土与路基衔接面太陡,需做开台阶处理。在台背回填与路基填筑不能同步施工时,路基端先开坡至硬质好的路基上,再开出硬质台阶,台阶宽度不小于1个压路机压轮的宽度。为保证接头处的压实度达到路基同步的压实标准,要求在下层填筑前,所开的未进行填筑的台阶不得小于两个。

(五)选择合适的路基填料

在台背回填区范围内宜选用摩擦角大、强度高、压实快、透水性好的填料,如岩渣、砾石、沙砾等。选用内摩擦角较大的填料也有利于从台背缝隙中渗入的雨水沿盲沟或泄水管顺利排到路基外,从而减少雨水的危害,而且也有利于改善路基的压实性能,使其更容易达到设计要求的密实度。同时,考虑到减轻路堤自重,有效降低地基应力,减少沉降并增大安全系数,可采用轻质材料如粉煤灰等,用粉煤灰填筑桥涵台背,可以大大降低路堤对地基的荷载,有利于减少地基沉降以及路基对桥台的侧压力。近年来,有人采用工程塑料作为桥头填料,大大减轻路堤体的重量,有效地遏止了桥涵连接路堤的过度沉陷。

根据现行施工技术规范及设计文件的有关要求,结合公路沿线现有适宜的路基填料(黏土、沙砾、石粉等),可邀请路基方面的专家做技术指导,采取相应的技术方案及管理措施,以确保回填的可行性、实用性、经济性。

(六)控制好施工流程

选择合适的压实机具并对填料每层含水量、松铺厚度、压实度等指标进行严格控制,及时检测,确保压实充分,减小路基压缩性沉降。

1.压实机械控制

振动式压路机是目前比较理想的压实机械,施工中要根据不同的填料选择不同的频率进行压实,才能发挥出最好效果。同一台振动式压路机,只有与被压材料的固有频率相接近、与松铺厚度相匹配时,才能省力又高效。对台背回填范围内的路基、路床实施补强,采取三边或五边压路机进行冲击压实,以提高整体强度和水稳性。

2.含水量控制

从提高质量和效益的双重角度考虑，路基填料的选取必须符合含水量要求，努力使含水量达到最佳，以期通过尽可能小的耕翻晾晒或补水翻拌措施，最终使其含水量控制在最佳含水量±2%范围以内。施工中必须频繁试验，使含水量大小始终处于受控状态，从而保证施工质量。

3.松铺厚度控制

在施工中，根据分层设计厚度和松铺系数计算出松铺厚度后，对每个工作面预先进行网络区划，原则上坚持一区一车制，边摊铺边用检尺检测，及时调整超标厚度，以确保松铺厚度达标。

4.压实指标控制

在施工中，路基压实度指标须分层检测。用灌砂法检查压实度时，取土样的底面位置为每一压实层底部，自下而上，层层检测，确保压实度达标。

加强桥涵锥坡、路基、排水设施等的防护，避免产生病害破坏性沉降。桥头边坡防护也是隔渗水、防病害、确保桥头路基稳定性的一个有效补充措施。

加强监理检测力度，对重点部位、隐蔽工程加强监管，确保工程质量。除施工单位精心施工外，监理工程师的有效监管、及时检测也十分重要。

（七）落实专门组织机构、责任到人

在台背回填开工前，必须落实专门组织机构、责任到人。由专业施工队伍实行专项管理、施工，并做好质量追究责任档案；每个构造物的基坑及台背回填必须设专门技术负责人。该现场负责人必须能熟练掌握台背回填的专业知识和施工操作要点，具有一定的施工经验和管理能力，坚持现场盯岗。驻地监理也要设专门负责人，坚持对每层填土的压（夯）实进行有效的监督和检查。严格按照规范、合同、图纸的要求进行施工，加强对每道工序和环节的检查与验收。对每标段首先开工的台背回填实行首项工程认可制，形成样板工程，写出总结，经监理工程师验收后，全合同段据此大面积开展施工。

此外，为防止地面积水，基坑回填完成后应略高于地面 5～10 cm。原地面压实合格后，首先进行标高测量，计算填筑高度，计算总填筑层数，确定最大干密度和最佳含水量，以控制压实度指标（不低于规范及设计要求）。经监理工程师同意后，将压实度及厚度用红白漆标注在台背上，15 cm 一层，红白相间，便于监理现场控制。

（八）准备充足的小型振动压实机具

必须准备充足的小型振动压实机具，如高性能冲击夯，禁止采用人工夯实的方式。压路机应尽可能靠近构造物墙身（可控制在 10 cm 左右）进行碾压。压路机不能到位的地方，如桥体、土体之间的衔接部位，柱、肋的周边，护坡、锥坡部分，盖梁、翼墙下的边角等处，均应以合适的小型（手扶式）压实机具或高性能的冲击夯具，采取薄填多压（夯）的方法。要做到精心操作，细心找补，不留隐患。

（九）填写分项工程开工申请报告

每一构造物的台背回填，都要单独填写分项工程开工申请报告，该报告应包括台背回填每层的压路机压实范围以及桥路衔接边角部位利用小型压实机具、夯具的压（夯）实情况，从构造物的侧面、平面分别确定压实的层位、不同机具的压实范围、检测的点位，并勾画出示意性草图。

除此之外，结构物台背回填应严格控制分层压（夯）实，凡压路机能够压到位的地方，应按路基施工的要求，分层填筑和压实。每层填土的铺压宽度（指边坡及护坡、锥坡、压路机可以到位的下部）应大于设计的坡线，留出不小于 30 cm 的余量，修坡之后，边缘土体能达到要求的压实度，确保边坡稳定。

三、施工管理及检测要求

台背回填要求的是整体、均匀地压实。要注意压路机压不到的边角、死角，与对构筑物的结合部等处（包括一些坑壁、墙体之间狭窄的空间）的检测，每层压实度的检测至少应有三分之一的检测点在以上区域。

台背施工工艺工序及监理程序:确定台背填土范围—材料试验和选择—台背场地清

理—层次标记—材料回填整平—检查松铺厚度、含水量、灰剂量—碾压成型—检测各项指标—监理抽检合格—进行下一层施工。

监理工作重点与注意事项：台背回填施工前各驻地办应按要求制定施工监理实施细则，明确技术要求和监理程序，使得基坑回填与台背填土施工处于全过程、全方位的受控状态。

制定严格的奖惩措施，确保施工、监理到位。各参建单位要严格管理，专职现场监理、试验员负责认真填写施工检测记录及监理日志质量追究档案，对不按要求施工的，发现一次严惩一次，对不合格的台背填土要坚决返工。

只有在设计和施工中采取必要的预防措施，使台背填方压实度达到设计及规范要求，完善施工工艺、方法，加强施工质量管理，严格按照操作规程施工，加强建设监理工作，对台背施工的填土材料、压实机具、填土厚度进行检查，分层验收，层层把关，严格执行工序验收制度，才能确保桥涵两端填土和路堤的整体施工质量，才能确保路、桥过渡段的平稳顺畅。

第四节 桥涵台背及构造物回填的施工

公路工程本着因地制宜、经济合理、技术可行的原则，以防止复杂的地形条件下结构物及路基不均匀变形，采用基地结构、回填结构相互作用的系统思想，通过加强回填处理，减少结构物与路基的变形和破坏。

一、回填材料

（一）水泥稳定土

用于结构物回填的水泥稳定土，最大粒径不超过53 mm，不均匀系数大于5。细粒土的液限不大于 40%，塑性指数不大于 17。对于中粒土和粗粒土，如土中小于 0.6 mm 的颗粒含量在 30% 以下时，塑性指数不大于 20。实际应用时，宜选用塑性指数不大于 12、不均匀系数大于 10 的土。

水泥稳定土的压实度应不低于重型压实标准的 95%，承载比应不小于 100%。水泥含量以水泥质量占全部干土质量的百分率计，最低含量不低于 4%，工地实际采用的水泥含量应比实验室内确定的含量增加 0.5%～1.0%。

（二）粒料

级配碎石最大粒径不大于 37.5 mm，级配砾石、未筛分碎石和沙砾最大粒径不大于 50 mm，其级配应符合《公路路面基层施工技术细则》(JTG/T F20—2015)规定。透水性材料最大粒径不大于 500 mm。在小于 20 mm 的粒料中，0.075 mm 筛孔的细料通过率不大于 10%，0.5 mm 以下细粒土塑性指数不大于 6。粒料中粗集料的压碎值不低于 40%，细集料的液限指数不大于 28%，塑性指数不大于 9，塑性指数与 0.5 mm 以下颗粒含量的乘积不大于 100。

（三）高稳定性材料

土中大于 0.075 mm 的颗粒占全部土质量的 50% 以上，液限小于 50%，塑性指数小于 20，承载比不低于 12%，具有一定的级配，能够有效压实。回填高稳定性材料，保证率为 90% 时压实度代表值不低于 95%。高稳定性填料为硬质岩填料时，可采用压缩变形率确定压实度，高稳定性填料为软岩填料时可采用固相体积率标准确定压实度。

二、桥涵台背及构造物回填的施工要求

（一）压实施工规定

采用高稳定性填料、粒料和水泥稳定土回填时，应保证填料充分压实，压实度符合要求，水泥稳定土的承载比和水泥剂量必须符合要求。埋置式桥台宜采用先填土后开挖

的施工方案，护坡及锥坡应超宽填筑不少于 0.5 m，然后修坡，保证坡面的压实度符合要求。宽度小于 2 m 时，应采用重型冲夯机分层夯实，层厚不超过 15 cm。宽度超过 2 m 时，应采用重型压路机分层压实，分层松铺厚度不超过 30 cm。

（二）无砂大孔混凝土施工要求

施工前应进行材料和混凝土配合比的设计，经试拌，检验水泥浆的稠度是否合适，能否有效包裹住集料，在插捣条件下是否有离析现象，符合要求后方可使用。无砂大孔混凝土采用强制拌和机进行拌和，拌和时先按规定的水灰比搅拌水泥浆，然后将集料投入拌和机中，与水泥浆一起搅拌，使水泥浆充分包裹集料，搅拌时间应比普通混凝土搅拌时间适当延长。混合料搅拌后可直接浇筑，卸料高度为 1 m 以内，将混合料分层倒入，每层厚度不宜大于 50 mm，然后人工用钢钎振捣，必要时也可采用平板式冲夯机进行夯实。在浇铸过程中应注意防止水泥浆离析下沉。

（三）防水及排水施工要求

桥、涵台背及挡土墙的墙背的粒料排水层应采用分层反开挖的施工方法进行施工。施工时，不得使周围的细粒土堵塞排水层的排水通道，以满足排水要求。排水层内的水应引出路基外，必要时可在八字墙部位的排水层中加设 100 mm PVC 多孔透水管。

桥、涵基础顶面以下的部分，采用不透水的材料回填，回填材料的强度应符合要求。挡土墙基础顶面以下的部分应按设计图纸的要求采取满砌或满浇混凝土的方法回填，图纸没有规定时，采用不低于基底强度要求的材料回填。

在基础顶面及地面线附近的泄水孔底部，用厚度为 3 cm 的水泥砂浆进行封闭，以防止雨水渗入基底或继续下渗。

第三章 挖方路基施工技术

第一节 挖方路基施工的特点和原则

公路的建设环境恶劣，有很多复杂的情况，如果没有应用合理的施工技术，极易产生质量隐患，给公路运行的安全性带来影响。针对挖方路基的施工技术，需要做好前期的准备工作，以及施工检测和完工检测等，以保证施工作业的安全和质量。

一、挖方路基施工的特点

我国的地域广阔，不同区域的地形、地貌、水文、气候等具有比较明显的差别，在路基施工的过程中，经常遇到较大的困难。

地形是影响施工效果的一个重要因素，因此，施工人员要充分重视地区的地形状况，采取合适的方式进行施工。比如，在丘陵、山地区域，在自然环境的影响下，地质的构造具有不同的特点，在长期演化的过程中，地质结构往往变得比较复杂，这在一定程度上加大了施工的难度，而挖方路基施工进度的快慢会极大地影响整体施工进度。此外，在挖方施工的过程中，如果出现疏漏，挖方路堑很容易出现变形现象，严重影响路基的质量，不利于车辆的正常通行。

二、挖方路基施工的原则

（一）标准原则

路基是公路工程施工的基础，对公路的稳定性以及荷载量有着直接的影响，所以要给予高度的重视。在不同的区域和路段，公路的路基承载标准有很大的差异。在实施路基挖方作业之前，需要结合公路工程的具体施工标准，将施工图纸作为基础，以便制定施工方案，保障具体施工和图纸的一致性。

（二）安全原则

在公路工程建设过程中，需要提升安全性，只有在保障施工安全的基础上，才能使公路工程的作用发挥出来，从而带动交通公路事业的全面发展。在对路基进行挖方施工之前，要坚持安全原则，对施工管理体系进行完善，对施工中的每一项风险因素进行监控，并针对施工中可能存在的安全隐患进行详细的分析，做好具体的预防工作，保障施工的有序开展。

（三）质量原则

在挖方路基中要坚持质量原则，主要包括以下几点。

其一，在施工现场，要对建造完成的挖方路基工程进行详细的检查，与具体的标准进行比对，需要保证公路荷载量达到规定要求，使公路工程的质量有所提升。

其二，在完成路基挖方施工的相关工作之后，还要做好相关的预防工作，防止安全隐患的发生。比如，需要做好一系列的检查，对挖方路基中的薄弱部位进行加固，强化路基的坚固性以及稳定性。

第二节 挖方路基施工流程和质控要点

挖方路基是公路工程中的重要内容,挖方路基施工水平的高低直接影响路基的稳定性。本节针对公路工程挖方路基施工技术在不同方面的应用,从施工过程、截水沟、清理场地和开挖全断面等方面进行了详细的分析,通过应用各种先进手段,提升了公路工程挖方路基施工技术的水平。

一、公路工程挖方路基施工流程

(一)施工准备

在施工之前,需要做好材料的准备工作。经过全面调查和分析,在详细对比的基础上,对材料的种类和质量进行严格控制,强化材料的采购和加工环节,增强其规范性与合理性。另外,需要根据施工现场的实际情况,选择合适的机械设备,对需要用到的机械设备进行充分了解,优化其配置与组合方式,使施工机械的作用得到有效发挥。在完善施工方案的基础上,对施工方式进行改进。

(二)施工放样

在正式施工之前,要进行放样工作。

首先,复测导线点以及水准点,记录一级导线的数值,确保复测工作的严密性和精确性。按照相应的测量规范,完成高程点的闭合工作,同时开展加密处理等一系列工作。

其次,利用GPS技术和全站仪设备,对中线进行测量,使控制工作能够顺利进行,在放样的时候,可以对坐标进行确认,对中桩和边桩直接进行放样。

最后,在开挖工作完成之后,继续进行放样工作,使断面的尺寸符合规定的要求。

需要注意的是,在实际放样环节,要将每一排桩的间距控制在10 m以内,保障路基线形的平滑性和稳定性。应使用自动安平水准仪器,严格把控地面高程,避免出现不必要的偏差。在施工前必须保护好地上和地下设施，例如光缆、水管等，能拆除的尽量拆除，不能拆的则采取保护措施，以免施工时对其造成破坏。

（三）合理设置截水沟

截水沟的主要作用是降低水流对路基的影响，保证冲刷效果，避免路基被破坏，增强路基的稳定性。在施工过程中，必须使截水沟和临时排水渠相互连通，明确两者之间的特点，为后期施工奠定良好的基础。如果地面原有坡度较大，必须将横向排水管设置在路基内部，结合区域内的实际降水量，对排水沟的范围进行详细划分，增强截水沟设置的合理性，避免路基在雨水的侵蚀下遭到破坏。

（四）清理场地

在挖方施工前，必须清理掉施工现场的杂物，保证地面的干净整洁。在处理的时候，对于机械不能清除的部分，应安排相关人员进行清理，使场地表面的有机物、腐蚀土、垃圾、树枝等影响施工的障碍物一并清除。

（五）开挖全断面

第一，开挖土质路堑。如果土质路堑的实际运输距离在 100 m 以内，可以向着填方的位置，采取直接推进的方式，使铲运机、装载机和挖掘机相互结合，完成装料、运料等一系列工作，然后一层一层开挖。如果土质路堑的实际运输距离大于 500 m，在施工的时候，可以将装载机和挖掘机双向结合，对台阶的高度进行检查，然后逐步开挖，通常情况下，台阶的高度为 2~3 m。

第二，开挖石质路堑。对于松散的碎石，在开挖的时候，可以选择预裂爆破的方式，控制水平台阶的深孔，同时对下伏砂岩等进行挖掘，在边坡部分预设光爆层，然后进行二次爆破，增强边坡的稳定性和坚固性。

二、公路工程挖方路基施工质控要点

（一）合理选择开挖方法

在开挖的时候，根据实际情况可以选择以下两种方法。

第一，横挖法。这种方法适用于路基较短或者较浅的情况，需要对路基的厚度和高度进行详细分析，采取单层横向全宽挖掘法和分层横向全宽挖掘法。同时，需要将机械与人工相互结合，提高工作质量。

第二，纵挖法。按照操作流程，在严格把控各个环节的基础上，选择分段纵挖法或者通道纵挖法等，保证工作的顺利进行。

（二）注重对前期准备工作的把控

前期的准备工作在很大程度上影响着施工的进度。因此，在开挖之前，必须先清理场地表面，挖除树根、杂草等。整平路基，对土体进行翻松，结合压路机的碾压速度，增强碾压的密实度，使碾压的各个路段均能达到规定的标准。同时采取表层排水方法、粉喷桩技术和测量技术，对软基进行相应的处理。

（三）强化施工技术应用管理

施工技术直接影响着挖方的效果，因此需要做好以下几个方面的工作。

第一，技术交底。全面了解和落实技术交底制度，使施工人员能够掌握技术的应用要点。

第二，规范化管理技术的操作过程。仔细检查施工现场，对施工人员进行培训，严格管理人员的操作步骤，使技术的应用效果达到标准要求。

公路工程中挖方路基施工技术的应用，能够使路基在稳定的基础上不断加固，达到理想的施工效果。在施工的过程中，需要做好前期的准备工作，然后选择合适的开挖技术，对路基进行合理的开挖。施工时应严格按照流程进行，使各项作业顺利开展，在提高施工效率的基础上提高施工的质量，达到理想的施工效果。

第四章 特殊路基施工技术

第一节 软土地区路基施工技术

一、常见软土地基处理方法

软土一般指淤泥、泥炭土、流泥、沼泽土和湿陷性大的黄土、黑土等。通常其含水率大、承载力小、压缩性高，尤其是沼泽地，水分过多、强度很低，常规施工机械在软土地面上行进和作业都很困难。在此，笔者具体介绍几种常见的软土地基处理方法。

（一）表层排水法

表层排水法是在路基填筑前，在地面开挖水沟，以排除地表水，同时降低地基表层的含水率，确保施工机械的作业条件。为了使开挖水沟在施工中发挥盲沟作用，常用透水性良好的沙砾回填。

1.水沟的布置
水沟布设应全面考虑地形与土质情况，使排水畅通。
2.水沟的构造
水沟尺寸一般可取宽 0.5 m、深 0.5～1 m 左右，路堤填筑前，宜用沙砾回填成盲沟，若埋设管道，必须用良好的过滤材料保护。

（二）砂垫层法

砂垫层法是在软土地基上铺设厚度为 0.5～1.2 m 左右的砂层（砂垫层），其作用是作为软土层固结所需要的上部排水层和路堤内的地下排水层,以降低堤内水位,改善施工时重型机械的作业条件。

施工时要设置和砂垫层厚度相同的放样桩,一般用自卸汽车及推土机配合摊铺,摊铺时要均匀。当路堤为粉土,透水性不好时,路堤坡脚附近砂垫层被路堤覆盖,有可能阻碍侧向排水,必须注意做好砂垫层端部的处理。

(三)稳定剂处治法

稳定剂处治法即将生石灰、熟石灰、水泥等稳定材料,掺入软弱的表层黏土中,以改善地基的压缩性和强度特性,保证机械作业条件,提高路堤填土的稳定,改善压实的效果。

施工中应注意以下几点。

1.稳定剂贮存

工地存放的水泥、石灰不可太多,以一天的使用量为宜,最长不宜超过三天的使用量,同时应做好防水、防潮措施。

2.压实与养生

压实要达到规定压实度。用水泥或熟石灰稳定处治土,应在最后一次拌和后立即压实;而用生石灰稳定土的压实,必须有拌和时的初碾压和生石灰消解结束后的再次碾压。压实后若能获得足够的强度,可不必进行专门养生,但由于土质与施工条件不同,处治土强度增长不均衡,则应做约一周时间的养生。

(四)开挖换填法

开挖换填法即在一定范围内,把软土挖除,用无侵蚀作用的低压缩散体材料置换,分层夯实。

1.选择良好的填料

选择填料时,要考虑路堤高度、软土层厚度及地下水位等因素,宜用排水性能好(即使以后处于地下水位以下应仍能保持足够承载力)的砂、沙砾及其他粗粒料。

2.开挖边坡

根据开挖的深度与土的抗剪强度确定合理的边坡坡度,开挖时若用水泵排水,边坡容易被破坏,这样会增加挖方量。因此,如果有不需要压实的良好换填材料(以不排水为宜),为防止边坡塌落,应随时开挖随时填料。

(五)强制换填法

强制换填法按施工方法可分为路堤载荷强制换填法和爆破换填法两种。

1.路堤载荷强制换填法

路堤载荷强制换填法就是依靠路堤载荷将部分软土层强制挤出,用良好的填筑材料置换。施工时,应从中线起逐渐向外侧填筑。但对于宽路堤,由于沉降不一致,若在路堤下面残留部分软土,完工后会发生不利的不均匀沉降,对此应予以注意。

2.爆破换填法

爆破换填法就是把炸药装入软土层,通过爆破作用将软土挤出。这种方法对周围影响较大,只限于在爆破对周围构造物或设施没有不良影响的地区使用,并且一般要通过几次爆破使路堤逐渐下沉。对于两侧挤出隆起的软土要及时挖除,以保证爆破效果。

(六)反压护道法

反压护道法主要用于路堤在施工中达不到要求的滑动破坏安全系数的情况。反压路堤两侧的目的是使路堤稳定。应用反压护道法时,应注意以下几点。

①避免过高堆填,应分层铺平,充分压实,并应有一定横坡度,以利于排水。

②反压护道的填筑速度不得低于主路堤的填筑速度。

③主路堤在施工中或完工后,如能确定反压护道下面的地基强度已增长到要求的值,则可以将反压护道设计高度以上的部分挖除,利用这些材料填筑主路堤。

(七)水泥搅拌桩法

在一些桥、涵等结构物台背位置处,为加强地基承载力,有时采用水泥搅拌桩的形式进行地基处理加固。水泥搅拌桩是用于加固饱和软黏土低地基的一种方法，它以水泥作为固化剂，通过特制的搅拌机械，在地基深处将软土和固化剂强制搅拌，利用固化剂和软土之间所产生的一系列物理化学反应，使软土硬结成具有整体性、水稳定性和一定强度的优质地基。

（八）静力排水固结法

静水排水固结法可以分为两种：一种是在路基上设置竖向或者水平砂井，或者利用建筑物自重，使软土水加速排出，促进软土固结；另外一种是通过对软土路基进行预压处理，以达到将软土水压出的目的，进而提高路基的强度，利用这种处理技术可以防止路基沉降，还能够提高路基的载荷能力和稳定性。

（九）抛石挤淤法

抛石挤淤法，顾名思义，就是通过抛填大量的片石、砾石等质地坚硬的材料，将地基表面的淤泥质土排挤出去，也可以将其理解为一种特殊的置换，通过这样的方式来使地基达到载荷能力，并保持稳定性。该方法简单、快速、简便，便于施工，主要适用于常年排水不便的洼地，表面层度不厚、石头可以沉到底部软土 2～3 m 的沼泽等地区。

二、处理软土地基时存在的问题

在当今社会中，软土地基处理技术有几十种，其中一些技术已经很成熟，被普遍应用于实际工程。但是一些处理技术还不是很成熟，处于摸索阶段，在工程实践中并未大规模使用。当前的软土地基处理方法主要存在以下几个问题。

（一）未能选择最为合理的处理方法

在实际施工中，很多施工人员没有根据实际情况选择合适的处理方法，例如，饱和软黏土地基不适合采用压实加固的方法。在选择软土地基处理方法时需要从多方面来考虑，比如要注意各种改良方案的适用范围、施工条件、工程预算以及工期要求等。

在实际施工当中，依据具体工程的地形地貌，合理选择处理方法是特别重要的。在这方面，单单比较几种技术的可行性和优劣势是不够的，还要多进行实地考察，具体确定哪一种方法最适用。

（二）缺乏系统的理论指导

从实践和理论的角度看，软土地基处理理论滞后于实践——这是在建筑工程行业内非常普遍的一种现象。因此，在软土地基的处理中要注意理论研究，总结出系统的理论成果，并以此指导实践，这是十分重要的。

（三）质检方法匮乏

就目前的技术水平来说，软土地基处理后的质量检查工作做得还不是很到位，大量的方法缺乏质量检验和改进手段，而完善的质量检验方法是保证施工质量的重要手段。目前许多地基处理方法的质量检测手段都是不完善的，前面提到的软土地基处理方法也是这样。完善软土地基质检方法，确保软土地基的处理符合规范的要求是非常重要的事情。

三、软土地基处理方法的对比分析

在现场施工时，我们需要选择最优的处理方案来处理软土地基，如何从各种处理方法中选出最理想的施工方案，也是我们需要研究和探讨的问题。

（一）常见处理方法的适用范围对比

1.表层排水法

该方法主要适用于软质土层较浅且含水量较大的软土地基，同时施工现场的排水环境要好，有足够的施工场地，并且工期要长。

2.砂垫层法

砂垫层法施工简单,无须特殊设备。主要适用于以下条件:路基高度小于极限高度的 2 倍;软土表层地壳没有低渗透性;软土土层厚度不太厚,或有双排水条件;当地的沙场与施工现场距离不太远,工程建设期不是很迫切。

3.稳定剂处治法

该方法主要适用于软质土层较浅且含水量不高的软土地基,对施工场地的平整度要求较高,并且要求施工现场交通比较便利。

4.换填法

换填法主要用于深度比较浅的软基改良当中,比如粉砂土、腐殖土等软土地基的改良。

5.水泥搅拌桩法

在实际工程的应用中,在很多情况下搅拌桩法是不能使用的。当地基土的 pH 值小于 4 或天然含水量大于 70%时不宜采用,此法对地基中含有伊利石、氯化物等矿物的黏性土及有机物含量高的地基土加固效果较差。此外,当地基土体中含有碎石、卵石时,使用搅拌桩法会造成施工困难。

6.静力排水固结法

该方法施工工艺比较复杂,需要的机械设备较多,还要有足够大的施工场地,施工需要的工期也很长。

7.抛石挤淤法

该法主要适用于流动性较大的淤泥质土体,如池塘、沼泽、污水汇集地等。

(二)常见软基处理方法的选择

在经过上述的分析对比后,可以得出以下结论。

①针对较浅的软质土层,最优的选择是换填法,因为这种处理方法的工期比较短,工程造价也比较低。

②对于流动性很大的淤泥质土体,最优的方案是抛石挤淤法,这种处理方法的工期

相对较短且施工方式简单，造价低。

③在工期不紧迫的情况下，可以根据情况，选择排水固结法，此法工期较长，但投入的人力和物力较少。

④对于承载力要求高且工期紧的工程，最佳方案是水泥搅拌桩法。这种方法处理又快又好，但工程造价较高。

总体而言，对于软土地基处理技术的选择要遵循"施工简单、造价低、工期短、效果好"的原则。综合考虑处理方案的适用范围、工期、经济等方面的要求，结合实际施工场地的使用要求、现场的地形地貌条件、工程地质特性、工程机械等多方面的条件，选出最优的软土地基处理方法。

第二节　黄土地区路基施工技术

一、黄土路基的特点

湿陷性黄土一般呈黄色或黄褐色，粉土含量常占60%以上，含有大量的碳酸盐、硫酸盐等可溶盐类，天然孔隙比在1左右。在自重压力或自重压力与附加压力的共同作用下，湿陷性黄土受水浸湿后其结构迅速被破坏，容易发生显著附加下沉现象。

二、施工准备工作

黄土地区的路基施工，应做好施工期排水工作，将水迅速引离路基。在填挖交界处引出边沟时，应做好出水口的加固，排水设施接缝处应不渗漏。

三、湿陷性黄土地基的处理方法

湿陷性黄土地基应采取拦截、排除地表水的措施,防止地表水下渗,减少地基地层湿陷下沉。其地下排水构造物与地面排水沟渠必须采取防渗措施。

若路基土层有强湿陷性或较高的压缩性,且容许承载力低于路堤自重压力时,应考虑路基在路堤自重和承载压力作用下所产生的压缩下沉。除采用防止地表水下渗的措施外,可根据湿陷性黄土工程特性和工程要求,因地制宜,采取换填土法、重锤夯实法、强夯法、预浸法、挤密法、化学加固法等措施对路基进行处理。

四、黄土填筑路堤要求

①路床填料不得使用老黄土,路堤填料不得含有粒径大于 100 mm 的块料。
②在填筑横跨沟堑的路基土方时,应做好纵横向界面的处理。
③黄土路堤边坡应拍实,并应及时予以防护,防止路表水冲刷。
④浸水路堤不得用黄土填筑。

五、黄土路堑施工要求

①路堑路床土质应符合设计要求,密实度不足时应采取措施碾压至要求的压实度。
②路堑施工前,应做好堑顶地表排水导流工程,路堑施工期间,开挖作业面应保持干燥。
③路堑施工中,如边坡地质与设计要求不符,可提出修改边坡坡度的意见。

六、地基陷穴处理方法

陷穴表面的防渗处理层厚度不宜小于 300 mm，并将流向陷穴的附近地表水引离。对现有的陷穴、暗穴，可以采用灌砂、灌浆、开挖回填等措施，开挖可以采用导洞、竖井和明挖等方法。

第三节 岩溶地区路基施工技术

以地下水为主、地表水为辅，以化学过程（溶解和沉淀）为主、机械过程（流水侵蚀和沉积、重力崩塌和堆积）为辅的石灰岩等可溶性岩石的破坏和改造作用称为岩溶作用。岩溶作用所造成的地表形态和地下形态称岩溶地貌，岩溶作用及其产生的特殊地貌形态和水文地质现象统称为岩溶。

一、岩溶地区公路路基工程的主要病害

①由于地下岩溶水的活动，或因地面水的消水洞穴被阻塞，导致路基基底冒水、水淹路基、水冲路基以及隧道冒水、冒泥等病害。

②由于地下岩溶洞穴顶板的坍塌，引起位于其上的路基及其附属构造物发生坍陷、下沉或开裂。

③由于溶沟、溶槽、石芽等的存在造成路基不稳定，影响路基及其附属构造物的稳定性或安全。

④某些岩溶形态的利用问题。如利用天生桥跨越地表河流，利用暗河溶洞扩建隧道等。

⑤岩溶地区除石灰岩类岩溶外，还分布着各类危及路基的岩堆，这类岩石多数属于

炭质泥岩、页岩、麻岩、云母岩。

⑥因过量开采煤田、矿区、油田及地下水而形成的采空区，往往会引起路基沉陷、变形或开裂。

因此，在岩溶地区建造公路，应全面了解公路通过地带岩溶发育的程度和岩溶形态的空间分布规律，以便充分利用某些可以利用的岩溶形态，防治影响路基稳定的岩溶病害。

二、岩溶形态及岩溶类型

岩溶的形态类型很多，比如石芽和溶沟（槽）、溶蚀裂隙、漏斗、溶蚀洼地、坡立谷和溶蚀平原、溶蚀残丘、孤峰和峰林、槽谷、落水洞、竖井、溶洞、暗河、天生桥、岩溶湖、岩溶泉及土洞等。比较常见的岩溶形态如下。

1. 漏斗

常见的地表岩溶形态之一，由地表层的溶蚀和侵蚀作用伴随塌陷作用而成，呈碟状或倒锥状，平面上呈圆形或椭圆形，直径和深度一般由数米至数十米。

2. 溶蚀洼地

许多相邻的漏斗经流水溶蚀不断扩大汇合而成溶蚀洼地。平面上呈圆形或椭圆形，但规模比漏斗更大，直径由数百米至一两千米。溶蚀洼地周围有溶蚀残丘或峰丛、峰林，底部常有落水洞和漏斗。

3. 坡立谷和溶蚀平原

溶蚀洼地充分发育，相邻的洼地彼此连通，发展成坡立谷。坡立谷长度、宽度从几十米至数千米不等，四周山坡陡峻，谷底宽平，覆盖着溶蚀残余的黄色、棕色或红色的黏性土，有时还有河流冲积层。常有河流纵贯坡立谷，河水从一端流入，于另一端被落水洞吸收，转入地下成暗河。有些坡立谷还耸立着孤峰。坡立谷进一步发展，即形成开阔宽广的溶蚀平原，溶蚀平原上还有许多其他岩溶形态。

4.槽谷

槽谷是岩溶山区比较常见的一种长条形的槽状谷地，谷底平坦，谷坡陡峻，主要是由水流长期溶蚀而成。由于河谷底部发育有一系列漏斗、落水洞等，地表水流不断流失，使原来的河谷失去排水作用，即成干谷。槽谷在大部分时间是干涸的，但在暴雨季节和排水不畅时，则会出现暂时性的水流。

5.落水洞、竖井

落水洞和竖井多由岩石裂隙经流水长期溶蚀扩大或由岩层坍陷而成，呈垂直或稍倾斜状，下部多与溶洞或暗河连通，是地表通向地下的流水通道。落水洞常产生在漏斗、槽谷、溶蚀洼地和坡立谷的底部，或河床的边缘，多呈串珠状分布。在雨季，由于落水洞排水不畅，常使槽谷、溶蚀洼地和坡立谷产生暂时性的积水，甚至发生淹水现象。

6.溶洞

一种近于水平方向发育的岩溶形态，常由溶水对岩层的长期溶蚀和塌陷作用而形成，是早期岩溶水活动的通道。规模较大的水平溶洞系统，主要是在岩溶水的水平循环带中产生的。溶洞系统比较复杂，规模、形态变化很大，除少部分洞身比较顺直、断面比较规则外，大部分是忽高忽低、忽宽忽窄，洞身曲折起伏很大。洞内普遍分布各种堆积物，有时还有河流流痕及砂砾、卵石冲积物，支洞多，常有丰富的岩溶水。

7.暗河、天生桥

暗河是地下岩溶水汇集、排泄的主要通道，在岩溶发育地区，大部分地下都有暗河存在。其中部分暗河常与地面的槽谷伴随而生，通过槽谷底部的一系列漏斗、落水洞使两者互相连通。因此，可以根据这些地表岩溶形态的分布位置，大致估计暗河在地下的发展方向。地下的暗河河道或溶洞塌陷，在局部地段有时会形成横跨水流的天生桥。

8.岩溶泉

岩溶水流出地面即成岩溶泉。它是岩溶发育地区分布最广泛的一种岩溶现象，其中以下降泉居多，上升泉较少。岩溶泉有经常性和间歇性之分。间歇性泉旱季干涸，雨季流水。当暗河流向非岩溶地区时，可溶岩层与非可溶岩层接触带的边缘，比较容易形成岩溶泉。

9.岩溶湖

岩溶湖指由于槽谷、溶蚀洼地、坡立谷中的大型强斗底部的消水通道堵塞，或溶蚀平原局部洼地集水而成的湖泊。在溶洞中也常有小型的地下岩溶湖存在。

10.土洞

在槽谷、坡立谷底部和溶蚀平原上，可溶性岩层常为第四纪的松散土层所覆盖。由于地下水位降低或水动力条件的改变，在岩溶水的淋滤、潜蚀、搬运作用下，上部土层下落、流失或坍塌，就会形成大小不一、形态不同的土洞。

三、岩溶路基施工要点

岩溶地区路基常见病害主要表现为：地下水位高而侵蚀路基，导致土基软化，路面开裂；暴雨时节冲垮路基，路床地面以下有潜伏洞穴而产生凹陷等。岩溶地区路基的施工要点是疏导、填洞、跨越、利用等。

（一）疏导

对于岩溶地下水，应因势利导，采用疏导的方法降低地下水位，从而消除地下水对路床的影响，保证路基处于干燥或中湿状态。在施工中，不应堵塞溶洞水的出路。一般的做法是在与地下水道相连的漏斗、消水洞处修建疏导建筑物。疏导建筑物一般采用明沟、泄水洞、渗沟、涵洞等形式。

（二）填洞

有填充物的溶洞可以采用以下加固处理的方法。

①对洞径小而浅的，清除洞内的填充物后，先用大块石堵塞洞口，再用片石混凝土填平。

②对洞径小而深的，采用钢筋混凝土板把洞封闭。

③对洞径大而浅的，应全部清除洞内的填充物，换填片石混凝土。

④对洞径又大又深,且洞内填充物多而不易清除的,应采取清除部分充填物并整平后,先填大块石,再填片石,然后夯填黏土做成土片拱,最后用浆砌片石拱跨封闭。

（三）跨越

公路需跨越溶洞、暗河、冒水洞或消水洞时,如跨越条件好,可采用桥、涵结构。施工现场应注意季节性暗河与地表水的汇流量。山区低等级公路在跨越经常性积水而水位又比较浅的溶蚀洼地时,若跨越宽度大、净高受控制,可考虑抛填片石透水性路堤,或将透水性路堤与泄洪涵洞相结合。

（四）利用

公路可能从溶洞或暗河的顶部横跨通过,也可能顺着溶洞穿越。当溶洞或暗河的顶板厚度大于10 m,其下洞道的直径小于5 m时,只要顶板岩层完整,就可以直接利用。当顶板厚度大于10 m,而洞道直径小于2 m时,即使顶板岩层有坍坠现象,如为坚硬岩层,也可不作处理。如公路顺着干涸或季节性少量冒水的溶洞通过,可考虑直接加工改造成符合公路等级的隧洞。

四、岩溶路基基底的处理

（一）一般路基基底的处理

岩溶地区地表通常分布着高低不一的石笋、石芽或孤石。它们之间堆积着厚度为0～50 cm的腐殖土,且生长着低矮的灌木,清表工作异常困难。填石或填土后地基强度往往不足。通常的做法是在砍树挖根后,清挖石芽之间的腐殖土至基岩,要求将过高的石芽、石笋炸除,保证高出清基后地表30～50 cm,再回填碎石、砂砾,压实至石芽顶部。部分超高的孤石应爆炸清除。对大面积的石笋、石芽、孤石,整平地基后预估强度不均匀时,除进行局部碾压之外,尚可考虑增设土工格栅,以提高路堤基底的均匀性。公路跨越矿井、油田等采空区时，在施工处理上有许多与岩溶地区相似之处，可参考上述方法予以处理。

（二）崩坍、岩堆地区路基基底的处理

在陡峭的山坡上，由于人工开挖、风化、爆破等作用，岩（土）体从陡峭斜坡上向下崩落、翻滚，破坏过程急剧、短促而猛烈，这个过程称为崩坍。崩坍后岩（土）体的原来结构完全被打乱，大石块抛落较远，土体较集中，堆积而成倒石堆或岩堆。崩坍、岩堆地区路基基底处理的关键是边坡整治。公路应尽量避免通过原有的崩坍、岩堆地段。确有必要通过时，应探明其深度、范围、工程数量，采取清挖至原状土、设支挡结构物、桩基顶面打钢筋混凝土盖板、桩基与岩堆共同组成复合地基等措施。之后，按填土或填石路基施工。

第四节　冻土地区路基施工技术

一、多年冻土地区路基施工

（一）冻土的定义及特征

凡温度为负温或零温并含有冰的各种土均称为冻土。土只为负温而不含冰时则称为寒土。冬季冻结、夏季全部融化的土称为季节冻土，季节冻结层又称季节作用层、活动层。冬季冻结，一两年内不融化的土层称为隔年冻层。冻结状态持续3年以上的土称为多年冻土。

季节冻土地区的表层土夏季融化，冬季冻结，所以是季节冻土。根据其与下卧土层的关系，季节冻土又可分为季节冻结层和季节融化层。其中，季节冻结层夏季融化，冬季冻结时不与多年冻土层衔接或其下为融土层,季节融化层是夏季融化,冬季冻结时与多年冻土完全衔接的土层。不衔接多年冻土属于前者,衔接多年冻土属于后者。

1.多年冻土上限、下限及冻土厚度

在多年冻土地区,地表以下的一定深度内,每年夏季融化、冬季冻结的土层为季节融化层。在该深度以下的土终年处于冻结状态,称为多年冻土。这一深度称为季节融化层底板或多年冻土上限。从地表到达这一深度的距离即为季节融化层厚度或多年冻土上限的埋深。

多年冻土层的底部称作多年冻土下限。下限处的地温值为0℃。下限以上为多年冻土,以下为融土。上限和下限之间的距离称为多年冻土厚度。

多年冻土厚度是多年冻土的重要标志之一,它反映着冻土的发育程度;冻土层的厚度对评价建筑物的地基稳定性有着重要意义,是进行各类型建筑地层基础设计不可缺少的依据。多年冻土薄的在10 m以下,我国最厚的多年冻土在大、小兴安岭,厚度可超过100 m。

2.多年冻土的分类

多年冻土按照含冰量分类,可分为少冰冻土、多冰冻土、富冰冻土、饱冰冻土和含土冰层五类。

3.多年冻土上限的类别及用途

多年冻土上限有天然上限和人为上限两种。天然状态的多年冻土,上限为其天然上限。因受人类活动影响,地温与气温的热交换条件改变,天然条件下的热平衡状态被打破,会导致多年冻土上限发生变化,变化后的多年冻土上限即为人为上限。

多年冻土的人为上限决定了多年冻土融化下沉计算的下部界限,而天然上限往往是厚层地下冰的埋藏深度。在建筑物地基的融沉计算中应包括融沉和压密下沉两部分。

(二)冻土地区的不良地质现象

多年冻土地区的不良地质对公路建设会产生多种病害。因此,有必要了解冻土地区不良地质现象的形成和发展,以便采取预防措施。多年冻土地区之所以会出现不良地质现象,是因为多年冻土地区不仅气候严寒,而且还有多年冻土层作为底板,使地表水的下渗和多年冻土层上水的活动受到约束,这是冻土地区不良地质现象发生和存在的基本条件。多年冻土地区的不良地质现象主要有冰丘、冰锥、地下冰和冻土沼泽等。

(三) 冻土地区公路路基的主要病害

1. 融沉

融沉现象多发生在含冰量大的黏质土地段。当路基基底的多年冻土上部或路堑边坡上分布有较厚的地下冰层时,由于地下冰层埋藏较浅,在公路施工及使用过程中,因原来的自然环境条件发生了变化,多年冻土局部融化,上覆土层在土体自重力及外力的作用下产生沉陷,造成路基变形。融沉主要表现为路堤向阳侧路肩及边坡开裂、下滑,路堑边坡溜坍等。

当出现融沉现象时,路基一般以较慢的速度下沉,但有时也会经过一段时间的慢速下沉后,突发大量的沉陷,并使两侧部分地基土隆起。产生这一现象的原因是路基基底中含冰量大的黏质土融化后处于过饱和状态,几乎没有承载能力,又因路堤两侧融化深度不同,使得基底形成一个倾斜的冻结滑动面。在外荷载的作用下,过饱和的黏质土顺着冻结面挤出,路堤会在瞬间产生大幅度的沉陷,这种现象通常被称为突陷。这样的突陷会危及行车的安全。

2. 冻胀

该现象多发生在季节性冻结深度较大的地区及多年冻土地区,以多年冻土地区较严重。其原因是地基土及填土中的水冻结时体积膨胀。冻胀的程度与土质及土中的含水量有关。

3. 冰害

冰害主要是指在路堤上方出露地表的泉水,或开挖路堑后地下水自边坡流出,在隆冬季节随流随冻,形成积冰掩埋路基面或边坡挂冰、堑内积冰等病害。冰害在多年冻土地区尤为严重。

二、季节性冻融翻浆地区路基施工

季节性冻融地区的路基在冰冻过程中，土中的水分不断地向上移动，使路基上部的水分含量大大增加。春融期间，由于土基含水量过多，强度急剧降低，再加上行车的作用，路面会发生裂缝、鼓包、冒泥等现象，形成翻浆。翻浆现象主要发生在中国北方各省及南方的季节性冰冻地区。

翻浆的发生，不仅会破坏路面，妨碍行车，严重的还会中断交通。因此，在翻浆地区修筑公路，要注意详细调查沿线地表水、地下水、路基土和筑路材料的情况，以便采取相应的处理措施。从设计与施工两方面综合考虑，以防止翻浆的发生。

（一）防治翻浆的工程措施

1.做好路基排水，提高路基

施工前应根据设计文件对翻浆地段进行现场详细调查，按水文、地质情况，做好场地排水工作，以防止地表水或地下水侵入路基，使路基土体保持干燥。这是预防和处理地表水类和地下水类翻浆的首要措施。

提高路基，增加路基边缘至地下水或地面水位间的距离，使路基上部土层保持干燥，在冻结过程中不致因过分聚冰而失去稳定性。这是一种效果显著、简便易行、比较经济的常用措施，主要适用于取土方便的地段。

在有些中、重冰冻地区及粉性土地段，不能单靠提高路基保证道路的稳定性，还要与其他措施相配合。如在路堤填土高度受限制时，可在底槽做1%～3%的横坡，上铺15～30 cm厚的砂垫层（以不含粉砂和杂质泥土的粗砂为宜，不宜用细砂）进行处理。

2.铺设隔离层

隔离层设在路基中一定深度处，其目的在于防止水分进入上部路基，从而保持上部路基干燥，防止翻浆发生。隔离层按使用材料可分为透水性及不透水性隔离层两类。透水性隔离层一般由碎石、砾石或细砂等做成，铺在聚冰层之下，其厚度为10～20 cm，并在其上、下面反铺草皮，防止隔离层被淤塞。隔离层的底部应高出地表水面25 cm以上，并向路基两侧做3%的横坡排水。不透水隔离层分不封闭式（仅隔断毛细水）和封闭式（隔断毛细水和横向渗水）两种。不透水隔离层可用两层油毡中间涂沥青铺成，也可在压实整平的土基上直接喷洒一层厚度为 0.2～0.5 cm 的沥青或渣油（用油量为 2～3 kg/m²），或在土基上铺筑 8%～10%的沥青土或 6%～8%的沥青砂（厚 2.5～3 cm），还可以在土基上直接铺塑料薄膜等。在施工中，要严防石块及其他尖物刺穿不透水隔离层。

隔离层在应用中应注意两点：不透水隔离层适用于不透水路面的路基中，在透水路面下只能设透水隔离层；在盐渍土地区的翻浆路段，设计隔离层深度时应同时考虑防止盐胀和次生盐渍化等要求。

3.设路基盲沟

①横向盲沟。公路纵坡大于3%的翻浆路段，当中级路基（岔道、辅道等）基层采用透水性材料时，为了及时排出透水层内的纵向水流和春融期土基化冻时的多余水分，可在路槽下设置横向盲沟。横向盲沟可设成人字形，纵向间距 10 m 左右，深度 20～40 cm。横向盲沟易淤塞，在使用时应予注意。

②排水渗沟。为了降低路基附近的地下水位，可采用有管渗沟。为了拦截并排除流向路基的层间水，可采用截水渗沟。

4.换土处理

采用水稳性好、冰冻稳定性好、强度高的粗颗粒土换填路基上部，可以提高路基的强度和稳定性，这是修建高等级公路时常用的处理方法。

换土主要适用于因路基标高限制，不允许提高路基，且附近有砂石材料可利用的路段及原有路基土质不良的路段。

换填厚度需根据地区情况、强度要求及换填材料等因素确定，一般换填 40～60 cm，路基就可以基本稳定。

（二）季节性冻融翻浆路基施工要点

1.排水

在施工前应认真了解地形及水文、地质情况，凡是可能危害路基强度、稳定性的地表水和地下水,均应采取有效的临时性或永久性措施,使水能迅速排到路基之外。路床面应保持良好的排水状态。从路堑到路堤必须修建过渡边沟,且无阻塞现象。各层填土应有路拱,表面无积水。施工后,各式沟、管、井等能形成完整有效的排水系统。

2.路堤

①原地面处理:水文、地质不良和湿软地段,可视情况在地表铺填厚度不小于30 cm的砂砾,或做局部挖除换填处理。

②填料:宜选用水稳性良好的土填筑路基。路基上部受冰冻影响部位,应选用水稳性和冻稳性均较好的粗粒土。冻土、非渗水性过湿土、腐殖土禁止用于填筑各层路堤。压实后的含水量应控制在最佳含水量±2%范围内。

③取土场:宜设置集中取土场,排水困难地段更宜集中取土。

④碾压:各层表面碾压前应用平地机进行整平和修整路拱,切实控制松铺厚度以及填料的均匀性。压实后测量各层表面的平整度,其间隙高度不宜大于20 mm,成型后路床顶面应进行弯沉检查,或用不小于20 t的压路机碾压检验有无软弹现象。

⑤路堤高度:应满足路基能全年处于干燥或中湿状态。填筑低路堤时,应根据具体情况采取相应的技术措施。

⑥为使路基预拱度和稳定性满足设计要求,在施工过程中,各类冻融翻浆防治方法可综合选用。

3.路堑

石方段超挖回填部位应选用符合要求的石渣,压实度不得低于95%,禁止使用劣质开山料或覆盖土回填、找平。超挖部分不规则或超挖不超过8 cm时,可用混凝土修补找平。整平层宜采用级配碎石或水泥稳定碎石、二灰稳定碎石等半刚性材料。土质路或遇水崩解软化的风化泥质页岩等类路堑的路床压实度如不符合规定要求时,应翻松压实或根据土质情况,换填符合路床强度并满足压实度要求的足够厚度的好土,然后加强排水措施,如封闭路肩、浆砌边沟等。

对于有裂隙水、层间水、潜水层、泉眼等路段,应分别采取切断、拦截、降低等措施,如加深边沟和设置渗沟、渗管、渗井等。

第五节　膨胀土地区路基施工技术

一、膨胀土的特性及判别依据

（一）膨胀土的特性

膨胀土是指土中黏粒成分主要由亲水性矿物（蒙脱石、伊利石等）组成，同时具有吸水膨胀、失水收缩特性的高液限黏土。膨胀土除具有一般黏性土的物理和化学性质外，最重要的特性是多裂隙性、超固结性、强膨胀性与收缩性、快速崩解性及风化分带性。膨胀土常见的裂隙有竖向、斜交和水平三种。竖向裂隙有时露出地表，裂隙上大下小，并随深度而逐渐减小。有些水平裂隙充填有灰绿、灰白色黏土，裂面光滑，有些裂面有擦痕，可以看出土块间相对运动的痕迹。人们过去误以为膨胀土是坚硬、压缩性小的良好天然地基，但经过大量工程实践，逐步明确了这种土有吸水膨胀、失水收缩并往复变形的性质，对建筑结构物尤其是轻型建筑、路基等具有破坏作用，并且不易修复。膨胀土的含水量随季节变化而变化，但总的看来，含水量大体在塑限左右变动，膨胀土多呈坚硬或硬塑状态，民间常用"天晴一把刀，下雨一团糟"来形容这种土的物理变化。在膨胀土层内一般无地下水，上层滞水和裂隙渗水是膨胀土变形不均匀的内在因素。

（二）膨胀土的判别依据

关于膨胀土的判别，国内外尚不统一，根据多年来工程实践的经验总结和工程地质特征，自由膨胀率 $Fs \geqslant 40\%$ 和液限 $W_L \geqslant 40\%$ 的黏土质，可判断为膨胀土。但这并不是唯一的判断标准。《铁路工程特殊岩土勘察规程》（TB 10038—2022）中膨胀土详判指标为：自由膨胀率 $Fs \geqslant 40\%$，蒙脱石含量 $M \geqslant 7\%$，阳离子交换量 CEC（NH_4^+）$\geqslant 170$ mmol/kg。但蒙脱石含量及阳离子交换量作为鉴别指标，测试较困难。

二、膨胀土地区路基施工工艺

（一）膨胀土改良措施及试验检测

1.膨胀土改良措施

强膨胀土一般不得用于路基填筑，弱、中膨胀土用作路基填筑材料，一般可采用生石灰进行改良。改良后的膨胀土要求胀缩总率不超过 0.7%。掺石灰后一般可使素土的路基填料强度得到提高，含水量降低 3%～5%，最佳含水量一般提高 2%～4%，最大干密度一般下降 0.08 左右。对膨胀土亦可采用土工膜封闭法进行处理，封闭形式有三种：①路基底部封闭，以防止毛细水上升而影响路基稳定；②路基全封闭，以保持路基土含水量不变；③路基顶面封闭，以防降水渗入路基。

膨胀土掺石灰进行改良时应使用生石灰，不宜使用过火石灰。但应注意欠火过多会造成石块过多，消解率低下。露天堆放石灰应选择较高场地，应在雨前将石灰堆用土加以覆盖，或搭设临时雨棚进行储存，以防止石灰浸水浆化。石灰掺量应该根据试验路段提供的参数决定。生石灰首次用量宜为石灰总量的 80%～90%，剩余石灰供以后加拌或处理软弹使用。

在膨胀土地区路基施工前，修筑长不小于 200 m、全幅路基宽度的试验段，以确定膨胀土路堤施工中的石灰掺量、松铺厚度、最佳含水量、碾压机具以及全部施工工艺。

主要参数：石灰掺量为 6%（干土∶干石灰＝100∶6），松铺厚度≤30 cm，最佳含水量 15.2%～18.3%。

主要机械设备：挖掘机 2 台、自卸汽车 8 辆、推土机 2 台，路拌机 2 台，18 t 振动压路机 2 台，平地机 1 台。

利用弱、中膨胀土为路基填筑原材料的具体改良措施如下。

①96 区（0～0.8 m）：从 96 区顶面往下，第一层厚（压实厚度，下同）20 cm，优先采用风化天然砾岩，或内掺 6%石灰、40%碎石或卵石的改性膨胀土（6%石灰土∶碎石或卵石＝6∶4）；第二至四层总厚 60 cm，为内掺 6%石灰的改性膨胀土。

②94区（0.8～1.5 m）：从94区顶面往下，第一层厚20 cm，为内掺6%石灰的改性膨胀土；第二至三层总厚50 cm，直接采用弱、中膨胀土。

③93区（>1.5 m）：从93区顶面往下，第一层厚20 cm，为内掺6%石灰的改性膨胀土。以下层数填筑采用三加一结构，即三层素土加一层改良石灰土。

④当填土高H<0.2 m时，填土顶层的顶面下20 cm至原地面下60 cm处，采用单层厚15～25 cm内掺6%石灰的改性膨胀土填筑。

2.试验检测

利用膨胀土作路基填料或改良后作路基填料，必须配备膨胀土及改良土的试验检测仪器。这些试验检测仪器有：液塑限联合测定仪、自由膨胀率测定仪、石灰剂量滴定仪等。施工过程中采用EDTA滴定法进行石灰计量控制。检测频率为每2 000 m³或一个独立作业段（少于2 000 m³）面层随机检测10个样品，检测结果至少80%样品合格或者评定值大于等于规定值，则认为掺配合格。掺配剂量不合格的，必须返工处理。石灰剂量经检测合格后，才能进行碾压施工。改良土的强度及路基压实度应达到相应的规定，压实度的检验频率为一般土方路基的两倍，即每200 m每压实层检测8处。

（二）改良土填筑主要施工方法

1.路拌法

路拌法适用于含水量<30%的膨胀土。为保证改良土拌和质量，可先在取土场增加挖掘机进行初步集中场拌，然后在路基上摊铺整平后用路拌机进行路拌。

主要步骤：①初步消解生石灰，并在取土场用挖掘机初步进行集中场拌；②在路基填筑作业面上划格，初步场拌改良土；③用推土机推平；④视情况补撒石灰，用路拌机充分拌和（可用旋耕机配合）；⑤用平地机摊平，用压路机碾压。

优点：土块小，适用于较短的连续晴天，可随即进行碾压。

缺点：仅适用于含水量略微偏大，有小块消解不彻底的生石灰块，需配备专用拌和机具。

2.预先闷料法

预先闷料法适用于含水量＞30%的土，在预计随后有连续雨天时可以采用预先闷料法。

施工步骤：①在路基作业面上填筑素土，用推土机推平。②按比例撒生石灰（划格控制），用推土机履带初步压碎石灰块。③用推土机混推，集大堆闷料吸水。④待土中灰块消解成粉状后抄拌上车（不宜长期存放，否则会使石灰呈湿团状）；或者用推土机将料堆反复推、搓，用旋耕机或路拌机配合作业，粉碎土块。⑤视情况补撒石灰粉加拌，摊平、碾压。

优点：利用短暂晴天施工，可以满足长期雨天大方量闷料，吸水率高，可直接利用土方机械。

缺点：土团粒径难以控制。

3.压实削切法

压实削切法适用于缺乏拌和机具时，或在拌和没达到均匀度或生石灰消解不彻底而即将下雨时。

施工步骤如下：①将未拌和均匀或土块过大的混合土暂时压实，保持较大横坡，两侧开挖排水沟，防止雨水过多渗入。②待晴天表面水蒸发，且剩余石灰块消解后，采用推土机分层削刮，再次集堆后摊铺碾压，亦可用推土机松动器翻松（也可用路拌机再次打松）晾晒、拌和后再碾压。③混合土已拌和均匀但含水量仍然偏大，又即将下雨，急需压实时，应用重型压路机进行强压至"弹簧"状，晴天含水量降低后，在合适范围内可再次进行复压；如含水量不合适，应再次翻松晾晒后加压，但不得至表面土暴晒完全干透后再进行复压。④无论是素土还是改良土，出现局部软弹压实度不足时，应再次撒灰，翻松拌和后再碾压密实。

优点：能应急防雨，土块小，能充分利用各种土方机械。

缺点：如果雨天过长，含水量将增大。

（三）膨胀土地区施工注意事项

①膨胀土地区路基施工应尽量避开雨季作业，路堤填筑要连续进行。路堤或路堑两侧边坡的防护封闭工程必须及时完成，做好膨胀土路基的防水、排水工作。

②路堤填筑区段地表潮湿时，必须挖去湿软土层，换填碎砾石土、沙砾或坚硬的岩石碎渣，或将土翻开掺石灰稳定并按规定压实，一般换填深度可控制在 1.2 m 左右。

③用改良的膨胀土填筑时，应加强土的粉碎（粒径 5 cm 以下）和与石灰拌和的均匀性。石灰中不能消解的石块，应人工拣出，以防搅坏路拌机。碾压时应保持最佳含水量，松铺厚度不得大于 30 cm，直线段由两边向中央，超高段由内侧向外侧碾压。考虑到膨胀土路堤的沉降，路堤两侧应各加宽 30～50 cm。

④严格控制未经改良直接用作路基填料的膨胀土的含水量，一般将其控制在略低于塑限含水量的状态，碾压前必须检测含水量指标。

⑤膨胀土地区的路堑施工，挖方边坡不要一次挖到设计线，沿边坡预留 30～60 cm 的厚度，待路堑挖完时，再削去边坡预留部分，并立即做封闭防护。路堑路床应超挖 30～50 cm，并应立即用非膨胀土或改良土回填，并按规定压实。

在膨胀土地区路基施工中，应充分了解当地膨胀土的特性，进行膨胀土的判别，确定改良措施，并根据现场实际情况进行施工方法的选择。在施工过程中，要加强试验检测，确保改良土的强度及路基压实度。水是膨胀土地区施工的主要质量隐患，要做好路基的防、排水工作及雨季应急措施（如塑料薄膜覆盖等）。膨胀土地区路基施工要注重前后工序的紧密衔接，应连续施工、分段完成，及时进行后续封闭防护。

第五章　公路路面基层施工技术及管理

第一节　路面基本知识

一、路面的概念、结构与分类

（一）路面的概念

路面是指用各种筑路材料铺筑在道路路基上直接承受车辆荷载的层状构造物。其主要任务是保证车辆快速、安全地行驶，路面除应能够承受交通荷载和自然因素的作用，还要与周围环境相协调。

（二）路面的结构

道路行车荷载和自然因素的作用一般随路面深度的增加而减弱。为适应这一特点，路面结构也应该是多层次的，路面结构一般由面层、基层、垫层组成，有的道路在面层和基层之间还设立了一个联结层，如图 5-1 所示。

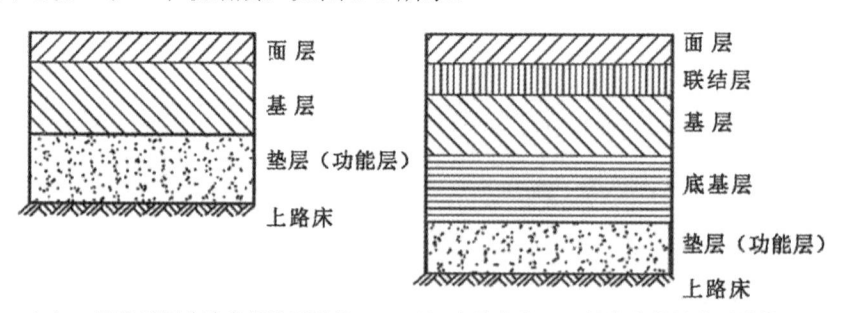

图 5-1　路面结构示意图

1.面层

面层位于整个路面结构的最上层，直接承受行车荷载，并受自然因素的影响，因此面层应有足够的强度、刚度和稳定性，另外面层还应有一定的平整度和良好的抗滑性能，以保证车辆安全、平稳地通行。面层通常使用水泥混凝土、沥青混凝土、沥青碎石混合料做铺筑材料，有些道路也用块石、料石或水泥混凝土预制块铺筑道路面层，山区交通量很小的地区也直接用泥灰结碎石或泥结碎石铺筑面层。面层可分层铺筑，称为上面层（表层）、中面层和下面层。

2.基层

基层是指面层以下的结构层，主要起支撑路面面层和承受由面层传递下来的车辆荷载的作用，因此基层应有足够的强度和刚度。同时，基层也应有平整的表面，以保证面层厚度均匀、平整。基层还可能受到地表水和地下水的浸入，所以还应有足够的水稳定性，以防湿软变形而影响路面的结构强度。基层可采用水泥稳定类、石灰稳定类、石灰工业废渣稳定类材料以及级配碎砾石、填隙碎石或贫混凝土铺筑。当基层较厚时，应分为两层或三层铺筑，下层称为底基层，上层称为基层，中层视材料情况可称为基层也可称底基层。选择基层材料时，为降低工程成本，应本着因地制宜的原则，尽可能使用当地的材料。

3.垫层

垫层设在土基和基层之间，主要用于潮湿土基和北方地区的冻胀土基，用以改善土基的湿度和温度状况，起隔水（地下水和毛细水）、排水（基层下渗的水）、隔温（防冻胀）以及传递荷载和扩散荷载的作用。垫层材料不要求强度高，但要求水稳性能和隔热性能好，常用的垫层有砂砾、炉渣或卵圆石组成的透水性垫层和石灰土或石灰炉渣土组成的稳定性垫层。

4.联结层

联结层是指为加强面层和基层的共同作用或减少基层裂缝对面层的影响，而设在基层上的结构层，经常被视为面层的组成部分。联结层一般采用大粒径透水性沥青稳定碎石等材料。

（三）路面的分类

1.柔性路面

柔性路面是指刚度较小，抗弯拉强度较低，主要靠抗压和抗剪强度来承受车辆荷载的路面，其主要特点是在车辆荷载的作用下竖向弯沉较大，车辆通过时路面各结构层向下传递到路基的压应力较大。

2.刚性路面

刚性路面是指路面板体刚度大、抗弯拉强度较高的路面，其主要特点是竖向弯沉较小，车辆通过时路面各结构层传递给下层的压应力较柔性路面小得多。

3.半刚性路面

我国公路科研工作者经过研究和探索，在20世纪90年代初提出了半刚性路面的概念。我国在公路建设中大量使用了水泥稳定类、石灰稳定类和石灰、粉煤灰稳定类材料做基层，这些基层材料随着龄期的增长，其强度和刚度也在缓慢地增长，但这些路面最终的强度和刚度仍远小于刚性路面，其受力特点也不同于柔性路面。以沙庆林院士为首的中国公路路面科研人员，将这些基层称为半刚性路面基层，这些基层加铺沥青面层之后形成的路面，称为半刚性路面。

4.复合式基层路面

《公路沥青路面施工技术规范》（JTG F40—2004）中提出了混合式基层的概念，即上部使用柔性基层，下部使用半刚性基层的基层称为复合式基层，它是一种处于半刚性基层和柔性基层中间的结构，可以提高柔性路面的承载能力，在此基础上加铺沥青面层之后形成的路面，称为复合式路面。

当前国内大量的公路使用了半刚性基层，半刚性基层的整体性好，但易形成温度裂缝和干缩裂缝，并经反射造成沥青面层开裂，水渗入后在行车荷载的作用下出现唧浆现象，进而造成公路路面的早期损坏。将半刚性基层用作下基层，上覆以柔性基层，不仅可以提高基层的承载力，也可以扩散半刚性基层裂缝产生的水平应力，进而截断反射裂缝向上传递的途径。同时，柔性基层多采用级配碎砾石结构，具有一定的排水功能，若进一步完善基层边缘排水设计，应能起到预防路面早期破坏的作用。重交通量和多雨潮湿地区目前已开始混合基层的研究和实践。

二、路面施工的特点和基本要求

路面是直接承受行车荷载的结构，需经受严酷的自然环境和行车荷载的反复作用，因此人们对路面工程也提出了更高的要求。

（一）路面施工的特点

1.机械化程度高

随着经济的发展，机械制造业也发展迅速，各种类型、各种功能的路面施工机械相继出现，以人工施工为主的路面施工已经转变为以机械化施工为主、人工施工为辅的路面施工。如何更好地发挥机械性能，减轻人工的劳动强度，也是路面工程施工组织的重要内容。

2.工程数量均匀，容易进行流水作业

一般情况下，一个工程项目路面工程的结构类型和设计厚度是相同的或相近的，除交叉口和收费区范围外，每千米工程数量是均匀的，这使得采取流水作业法安排路面工程施工变得相对容易。

3.路面施工材质相对比较均匀，更容易控制路面质量

采用细粒土材料进行施工的路面基层与底基层，虽然也采取了因地制宜的原则，用沿线的土进行基层、底基层施工，但相对于土石混合路基工程来讲，土质差别比较小，可以利用塑性指数的差别制定统一的质量控制标准来控制基层质量（如建立相同强度下，塑性指数与灰剂量的关系；或建立相同灰剂量情况下，塑性指数与最大干密度的关系等）。对于采取砂石材料进行施工的路面基层和面层，由于材料的产地相同，材质更加均匀，更容易用同样的质量标准来指导施工。

4.与桥梁工程、台背回填、防护工程施工相互干扰

在施工进度安排上，因桥梁工程、台背回填、防护工程的滞后影响基层施工时，可

采取跳跃施工的方法；当面层开始施工时，应已完成上述工作。

5.废弃材料处理应环保

处理废弃材料时，应注意不对绿化工程、防护工程和水资源造成污染，必要时应采取环境保护措施。

6.半刚性基层沥青路面的基层与面层的施工安排

半刚性基层沥青路面的基层与面层宜在同一年内施工，以减少半刚性基层的反射性裂缝和沥青面层的早期损坏。

（二）对路面工程的基本要求

一般来说，不同等级的公路对路面的使用品质有不同的要求，主要表现在一定设计年限内允许通行的交通量和要求道路提供的服务等级。首先，路面在允许通行的交通量下，在设计年限内应保持一定的承载能力和抗疲劳能力；其次，路面在风吹、日晒、雨淋、严寒、酷暑、冻融等复杂的自然条件下，在设计年限内应保持一定的稳定性和耐久性；最后就是在设计年限内经过一定的养护管理，路面应具有与公路等级相适应的服务水平，为车辆行驶提供安全可靠、快捷舒适的服务。具体来说，人们对路面工程有以下要求。

1.具有足够的强度和刚度

路面除承受车辆行驶时作用于路面的水平力、垂直力，并伴随着路面的变形（弯沉盆）和车辆的振动，还应承受各种应力，如压应力、弯拉应力、剪应力等。路面的整体或结构的某一部分所受的力超出其承载能力时，会出现路面病害，如断裂、沉陷等；在动载的不断作用下，还会出现碎裂和坑槽。因此，必须保证路面整体和路面的组成部分具有足够的强度。

刚度是指路面抵抗变形的能力，刚度不足时路面在车辆荷载的作用下也会产生变形、车辙、沉陷、波浪等破坏现象，因此路面具有足够的刚度，可以使路面整体和各组成部分的变形量控制在弹性变形范围内。

2.具有足够的稳定性

路面结构袒露在自然环境之中，经受水和温度等影响，使其力学性能和技术品质发生变化。

路面稳定性包括以下内容。

①高温稳定性。在夏季高温条件下，沥青材料如没有足够的抗高温能力，会发生泛油、面层软化，在车辆荷载的作用下产生车辙、波浪和推挤，水泥路面则可能发生拱胀开裂。

②低温抗裂性。在冬季低温条件下，路面材料如没有足够的抗低温能力，会出现收缩、脆化或开裂，水泥路面也会出现收缩裂缝。

③水温稳定性。路面结构应有一定的防水、抗水或排水能力，否则在水的浸泡作用下，其强度会下降，甚至出现剥离、松散、坑槽等病害。

3.具有良好的平整度

路面应有良好的平整度，不平整的路面会使车辆颠簸，行车阻力增大，从而影响行车安全和司乘人员的舒适，这也会加剧路面的损坏。因此，路面应具有与公路等级相适应的平整度。

4.具有一定的粗糙度和抗滑性

路面表层直接接触车轮，路面表层应有一定的粗糙度和抗滑性，车轮和路面表层间应有足够的附着力和摩擦阻力，保证车辆在爬坡、转弯、制动时车轮不空转或打滑，路面的抗滑性不仅对保证行车安全十分重要，而且对提高车辆的运营效益也有重要的意义。

5.具有耐久性

阳光的暴晒、水分的浸入和空气的氧化作用都会对路面结构和材料产生作用，尤其是沥青材料会老化，并失去原有的技术品质，导致路面开裂、脱落，甚至大面积毁坏。因此在修筑路面时，应尽可能选用有足够抗疲劳、抗老化、抗变形能力的路用材料，以提高路面的耐久性，延长路面的使用寿命。

6.具有尽可能低的扬尘性

汽车在路面上行驶，车身后及轮胎后产生的真空吸力作用将吸引路面表层或其中的细颗粒而引起尘土飞扬，造成污染并影响行车视距，给沿线居民和农作物造成不良影响，尤其以砂石路面为甚。

7.具有尽可能低的噪声

噪声污染也影响居民的正常生活，穿越居民区的公路路面可采用减噪混凝土，以降低噪声。

三、路面材料

在路面工程施工中，材料起着至关重要的作用。路面结构层所用的材料应满足强度、稳定性和耐久性等要求。路面施工所需材料广泛，不同材料的物理力学性能也不相同，有些材料适用于路面基层，有些材料适用于路面面层，也有些材料既可用于基层也可用于面层，但技术要求和力学性能指标略有不同。在此，笔者对路面工程所用的主要材料的分类和基本要求进行分述。

（一）路面材料的分类

从工程质量控制角度出发，应对集料、结合料质量进行监控，同时也应对路面混合料及辅助材料进行质量监控，只有这样才能更好地保证路面工程质量。

（二）路面材料的基本要求

路面材料种类繁多，需求量大。路面各结构层使用的材料均应满足强度、稳定性和耐久性等方面的要求，以保证路面各结构层的质量。选择路面材料时也应依照因地制宜的原则，但更重要的是各类路面材料必须符合路面各结构层的技术要求。

1.基层、底基层材料

水泥：普通硅酸盐水泥、矿渣硅酸盐水泥和火山灰质硅酸盐水泥均可用作基层结合料，但应选用终凝时间较长的水泥。

石灰：石灰质量应符合相关规范中的规定。

粉煤灰：粉煤灰中 SO_2、Al_2O_3 和 Fe_2O_3 的总含量应大于70%，烧失量不宜大于20%。

细粒土：其技术要求应符合规定。

中粗粒土：级配碎石、未筛分碎石、砂砾碎石、煤矸石、砂砾土均可作为路面基层材料，其颗粒直径不宜大于 37.5 mm。

集料压碎值：按结构层次和结构类型，高速公路和一级公路一般应不大于 30%，二级公路一般不大于 30%～35%，三级及以下公路一般不大于 35%～40%。

2.沥青面层材料

（1）道路石油沥青

各个沥青等级适用范围应符合的规定：道路石油沥青的质量应符合规范规定的技术要求。经建设单位同意，沥青的 PI 值、60℃动力黏度、10℃延度可作为选择性指标。沥青路面采用的沥青标号，宜按照公路等级、气候条件、交通条件、路面类型及在结构层中的层位、受力特点、施工方法等，结合当地的使用经验，经技术论证后确定。

（2）乳化沥青

乳化沥青适用于沥青表面处置路面、沥青贯入式路面、冷拌沥青混合料路面，修补裂缝，喷洒透层、黏层与封层等。乳化沥青的质量应符合相关规范的规定。乳化沥青类型根据集料品种及使用条件选择。阳离子乳化沥青可适用于各种集料品种，阴离子乳化沥青适用于碱性石料。乳化沥青的破乳速度、黏度宜根据用途与施工方法选择。

（3）液体石油沥青

液体石油沥青适用于透层、黏层及拌制冷拌沥青混合料。根据使用目的与场所，可选用快凝、中凝、慢凝的液体石油沥青，其质量应符合相关规范规定。液体石油沥青宜采用针入度较大的石油沥青，使用前按先加热沥青后加稀释剂的顺序，掺配煤油或轻柴油，经适当的搅拌、稀释制成。掺配比例根据使用要求经试验确定。

（4）煤沥青

道路用煤沥青的标号根据气候条件、施工温度、使用目的选用，其质量应符合相关规范的规定。各种等级公路的各种基层上的透层，宜采用 T-1 或 T-2 级煤沥青，其他等级不符合喷洒要求时可适当稀释使用；三级及三级以下的公路铺筑表面处治或沥青贯入式路面，宜采用 T-5、T-6 或 T-7 级煤沥青。煤沥青与道路石油沥青、乳化沥青混合使用，可改善渗透性。道路用煤沥青严禁用于热拌热铺的沥青混合料，做其他用途时的贮存温度宜为 70～90 ℃，且不得长时间贮存。

（5）改性沥青

改性沥青可单独或复合采用高分子聚合物、天然沥青及其他改性材料制作。各类聚合物改性沥青的质量应符合相关规范的规定，当使用其他聚合物及复合改性沥青时，可通过试验研究制订相应的技术要求。改性沥青须在固定式工厂或在现场设厂集中制作，改性沥青的加工温度不宜超过180 ℃。

（6）粗集料

沥青层用粗集料包括碎石、破碎砾石、筛选砾石、钢渣、矿渣等，但高速公路和一级公路不得使用筛选砾石和矿渣。粗集料必须由具有生产许可证的采石场生产或施工单位自行加工。粗集料应该洁净、干燥，表面粗糙，质量应符合规范的规定。当单一规格集料的质量指标达不到相关规范的要求，而按照集料配合比计算的质量指标符合要求时，工程上允许使用。对受热易变质的集料，宜采用经拌和机烘干后的集料进行检验。粗集料的粒径规格应按照规范的规定选用。破碎砾石应采用粒径大于50 mm、含泥量不大于1%的砾石进行轧制，经过破碎且存放期超过6个月的钢渣可作为粗集料使用。钢渣在使用前应进行活性检验。要求钢渣中的游离氧化钙含量不大于3%，浸水膨胀率不大于2%。

（7）细集料

沥青路面的细集料包括天然砂、机制砂和石屑，其规格应分别符合相关规范要求。细集料应洁净、干燥、无风化、无杂质，并有适当的颗粒级配。细集料的洁净程度应分别符合相关规范要求。天然砂以小于0.075 mm含量的百分数表示，石屑和机制砂以砂当量（适用于0～4.75 mm）或亚甲蓝值（适用于0～2.36 mm或0～0.15 mm）表示。热拌密级配沥青混合料中天然砂的用量通常不应超过集料总量的20%，并且是在不得已的情况下经试验论证后才可采用，SMA和OGFC混合料不得使用天然砂。

（8）填料

沥青混合料的矿粉必须以石灰岩或岩浆岩中的强基性岩石等憎水性石料为原料，原石料中的杂质应除净。矿粉应干燥、洁净，能自由地从矿粉仓流出，其质量应符合相关规范的规定。拌和机产生的粉尘严禁回收使用。粉煤灰作为填料使用时，用量不得超过填料总量的50%，粉煤灰的烧失量应小于12%，与矿粉混合后的塑性指数应小于4%，其余质量要求与矿粉相同。高速公路、一级公路的沥青面层不宜采用粉煤灰做填料。

3.水泥路面材料

（1）水泥

各等级公路均宜优先选用旋窑生产的道路硅酸盐水泥,确有困难时或中轻交通路面可以使用立窑水泥,低温天气施工或有快速通车要求的路段可采用 R 型（早强型）水泥。水泥进场时每批量应附有化学成分、物理指标、力学指标合格的检验证明。采用机械铺筑时,宜选用散装水泥。散装水泥的夏季出厂温度：南方不宜高于 65 ℃,北方不宜高于 55 ℃；混凝土搅拌时的水泥温度：南方不宜高于 60 ℃,北方不宜高于 50 ℃,且不宜低于 10 ℃。当贫混凝土和碾压混凝土用作基层时,可使用各种硅酸盐类水泥。不掺用粉煤灰时,宜使用强度等级 32.5 级以下的水泥。掺用粉煤灰时,只能使用道路水泥、硅酸盐水泥、普通水泥。水泥的抗压强度、抗折强度、安定性和凝结时间必须检验合格。

（2）粉煤灰及其他掺合料

混凝土路面可掺用质量指标符合表 5-1 规定的电收尘Ⅰ、Ⅱ级干排或磨细粉煤灰,不得使用Ⅲ级粉煤灰。贫混凝土、碾压混凝土基层或复合式路面下面层应掺用符合规定的Ⅱ级或Ⅱ级以上粉煤灰,不得使用等外粉煤灰。粉煤灰宜采用散装灰,进货应有等级检验报告,并了解所用水泥中已经加入的掺合料种类和数值。混凝土路面可使用硅灰或磨细矿渣,使用前应经过试配检验,确保混凝土路面的弯拉强度、工作性、抗磨性、抗冻性等技术指标合格。

表 5-1 粉煤灰分级和质量指标

粉煤类等级	细度（45 μm气流筛,筛余量）/%	烧失量/%	需水量比/%	含水量/%	Cl^-/%	SO_3/%	混合砂浆活性指数	
							7 d	28 d
Ⅰ	≤12	≤5	≤95	≤1	≤0.02	≤3	≥75	≥85(75)
Ⅱ	≤20	≤8	≤105	≤1	≤0.02	≤3	≥70	≥80(62)
Ⅲ	≤45	≤15	≤115	≤1.5		≤3		

（3）粗集料

粗集料应使用质地坚硬、耐久、洁净的碎石、碎卵石和卵石。

用作路面混凝土的粗集料不得使用不分级的统料，应按最大公称粒径的不同采用2～4个粒级的集料进行掺配。卵石最大公称粒径不宜大于19 mm；碎卵石最大公称粒径不宜大于26.5 mm；碎石最大公称粒径不宜大于31.5 mm；贫混凝土基层粗集料最大公称粒径不宜大于31.5 mm；钢纤维混凝土与碾压混凝土粗集料最大公称粒径不宜大于19 mm。碎卵石或碎石中粒径小于75 μm的石粉含量不宜大于1%。

（4）细集料

细集料应采用质地坚硬、耐久、洁净的天然砂、机制砂或混合砂。混凝土路面所使用的机制砂还应检验砂浆磨光值，其值宜大于35，不宜使用抗磨性较差的泥岩、页岩、板岩等水成岩类母岩生产机制砂。配制机制砂混凝土应同时掺高效引气减水剂。在河沙资源紧缺的沿海地区，二级及二级以下公路混凝土路面和基层可使用淡化海砂，缩缝加设传力杆的混凝土路面不宜使用淡化海砂，钢筋混凝土及钢纤维混凝土路面不得使用淡化海砂。淡化海砂带入每立方米混凝土中的含盐量不应大于1 kg，碎贝壳等甲壳类动物残留物含量不应大于1 kg。

（5）水

饮用水可直接用作混凝土搅拌和养护用水。如果有质疑，检验硫酸盐含量小于0.0027 mg/mm³，含盐量不得超过0.005 mg/mm³，pH值不得小于4，合格后方可使用。

（6）外加剂

外加剂的产品质量应符合各项技术指标。供应商应提供有相应资质外加剂检测机构的品质检测报告，检验报告应说明外加剂的主要化学成分，认定对人员无毒副作用。引气剂应选用表面张力降低值大、水泥稀浆中起泡容量多而细密、泡沫稳定时间长、不溶残渣少的产品。有抗冰（盐）冻要求地区，各交通等级路面、桥面、路缘石、路肩及贫混凝土基层必须使用引气剂；无抗冰（盐）冻要求地区，二级及二级以上公路路面混凝土中应使用引气剂。各交通等级路面、桥面混凝土宜选用减水率大、坍落度损失小、可调控凝结时间的复合型减水剂。高温施工宜使用引气缓凝（高效）减水剂；低温施工宜使用引气早强（高效）减水剂。选定减水剂品种前，必须与所用的水泥进行适应性检验。

处在海水、海风、氯离子、硫酸根离子环境的或冬期洒除冰盐的路面或桥面钢筋混凝土、钢纤维混凝土中宜掺阻锈剂。

（7）钢筋

各交通等级混凝土路面、桥面和搭板所用钢筋网传力杆、拉杆等钢筋应符合国家有关标准的技术要求。所用钢筋应顺直，不得有裂纹、断伤、刻痕、表面油污和锈蚀。传力杆钢筋应锯断，不得挤压切断；断口应垂直、光滑，用砂轮打磨掉毛刺，并加工成 2～3 mm 圆倒角。

（8）钢纤维

用于公路混凝土路面的钢纤维应满足相关规范的规定，单丝钢纤维抗拉强度不宜小于 600 MPa。钢纤维长度应与混凝土粗集料最大公称粒径相匹配，最短长度宜大于粗集料最大公称粒径的 1/3；最大长度不宜大于粗集料最大公称粒径的 2 倍；钢纤维长度与标称值的偏差不应超过±10%。路面混凝土中，宜使用防锈蚀处理的钢纤维和有锚固端的钢纤维，不得使用表面磨损、前后尖端裸露、易导致行车不安全的钢纤维和搅拌易成团的钢纤维。

（9）接缝材料

胀缝板：宜选用适应混凝土面板膨胀和收缩，施工时不变形、弹性复原率高、耐久性好的产品。高速公路、一级公路宜采用塑胶、橡胶泡沫板或沥青纤维板，其他公路可采用各种胀缝板。

填缝材料：填缝材料应具有与混凝土板壁黏结牢固，回弹性好，不溶于水、不渗水，高温时不挤出、不流淌，抗嵌入能力强，耐老化，负温拉伸量大，低温时不脆裂，耐久性好等性能。

四、路面施工的基本方法

路面工程施工的共同点是几乎所有的路面结构（手摆拳石和条石路面等结构除外）都需要拌和混合料、摊铺和压实三道工序，路面工程施工主要有三种方法：人工路拌法、机械路拌法和厂拌机铺法。

（一）人工路拌法

20世纪80年代以前，我国路面工程施工主要采取人工路拌法，即人工摊土（石料），人工拌和，简易机械压实。基层施工主要有人工翻拌法、人工筛拌法等，沥青面层施工主要有沥青贯入式和人工冷拌沥青混合料、人工拌和沥青混合料等。其主要的特点是：用工数量大，劳动强度大，工作效率低，工程质量受人为因素影响大，且质量不稳定，安全生产和防护措施比较严格，安全生产难度大。

（二）机械路拌法

20世纪80年代以后，我国开始引进德国生产的宝马牌路拌机，路面基层施工开始采用以机械路拌法为主的施工方法，其操作是以人工或机械分层摊铺各种路用材料，然后用路拌机械拌和，整形后碾压成型，这也是目前路面底基层和二级以下公路路面基层常用的施工方法。其主要特点是：用工数量大大减少，混合料拌和质量较好，但如不严控拌和深度，易出现素土夹层。

对于高速公路和一级公路除直接和土基相邻的路面底基层外，不宜采用机械路拌法施工，而应采取厂拌机铺法施工。

（三）厂拌机铺法

随着高速公路建设的快速发展，无机结合料稳定粒料路面基层得到广泛的应用，这种结构多使用厂拌机铺法，即用专门的厂拌机械拌制混合料，用专门的摊铺机械摊铺路面的施工方法。此外，沥青碎石和沥青混凝土路面的施工，水泥混凝土路面的施工，也采用厂拌机铺法。其主要特点是：机械化程度高，混合料配比准确，厚度控制、高程控制比较直观，但需要大量的自卸运输车辆。

五、路面工程试验路段

在进行大面积施工之前，修筑一定长度的试验路段是很必要的。在高速公路与一级公路的工程实践中，施工单位通过修筑试验路段，进行施工优化组合，把施工中存在的问题找出来，并采取措施予以克服，提出标准的施工方法和施工组合，并用来指导大面积施工，从而使整个工程施工质量高、进度快。

修筑试验路段的任务包括：检验拌和、运输、摊铺、碾压、养护等拟投入设备的可靠性；检验混合料的组成设计是否符合质量要求及各道工序的质量控制措施；提出用于大面积施工的材料配比和松铺系数；确定每一作业段的合适长度和一次铺筑的合理厚度；对于沥青混合料还应提出施工温度的保障措施，水泥稳定类混合料还应提出在延迟时间内完成碾压的保证措施等；最后提出标准施工方法。标准施工方法主要内容应包括：集料与结合料数量的控制与计量方法；摊铺方法；合适的拌和方法，拌和深度、拌和速度、拌和遍数；混合料最佳水量控制方法；沥青混合料油石比的控制方法；整平和整形的合适机具与方法；平整度及厚度的控制方法；压实机械的组合，压实顺序、速度和遍数；压实度的检查方法和对比试验；机械的选型与配套；自卸车辆与摊铺机械的配合等。

第二节 公路路面基层施工技术要点分析

一、重视基层施工材料的选择

公路路面基层施工是公路工程的重点，在基层施工中应掌握相关的技术要点，切实提升公路基层施工质量。材料是公路路面基层施工的关键，因此应重视基层施工材料的选择，通过对以往公路路面基层施工材料的研究发现，由于受到多方面因素的影响，公路基层施工材料选择经常出现一些问题，导致公路在基层施工的过程中也出现较多问题，这影响了公路基层施工的顺利进行。

公路基层施工材料的选择要着重考虑以下几个方面：首先应确定施工材料，通常公路基层施工选择的主要施工材料为沙砾，相关人员应根据实际情况进行选择，沙砾直径的大小应满足实际的施工需求。其次，材料选择好后需要对材料的质量进行全面的检验，必要时应对材料进行合理的试验，保证所选的材料各项试验数据能够满足公路路面基层施工需求。

二、公路基层施工工艺流程

公路基层施工工艺流程是公路路面基层施工的关键。由于受到外部和内部因素的影响，每项工程的施工工艺流程也有显著的差异，相关人员应根据公路路面基层的实际施工要求，明确各项施工流程，保证公路路面基层的施工质量。

第一，应做好基层施工的准备工作。如基层施工前的清理工作，保证工程施工环境的清洁性。在施工前应注重对各项因素的分析，例如气候因素、地质条件等。同时还要考虑到工程施工的要求，如施工中的填筑厚度、层数等，全面分析各项数据，为公路路面基层施工提供可靠的依据。

第二，公路路面基层施工中需要采用混合料，混合料要结合工程的实际要求进行配置。通常路面基层混合料主要以水泥、煤炭灰、粗料、细料等材料为主，再加入适量的水。在混合料拌和的过程中，要注意控制水量，尤其是在混合料拌和运输的过程中，所使用的水量应比预定的要多，避免在运输过程中因水分流失过多而造成混合料缺水干硬的现象。另外，在混合料配制完成后，需要在 2 h 内进行施工，避免间隔时间过长而造成水分流失过多的问题。

第三，应注重公路路面基层材料的摊铺工作。摊铺是公路路面基层施工的关键环节，在材料摊铺的过程中，应保证混合料含水量大于预设的水分，避免摊铺过程中水分流失过多而出现干硬的问题。同时在摊铺过程中应注意摊铺的平整度，需要在材料摊铺的过程中对摊铺机械的速度进行有效的控制,避免过快或过慢而影响到公路路面基层材料摊铺的平整度。

第四,应做好基层材料碾压工作。在路基混合料摊铺完成之后,需要对其进行碾压,使用压路机,根据碾压要求(如碾压的次数、碾压的速度等)进行碾压。碾压施工主要包括初压、复压、终压等施工流程,在碾压过程中应做好路面基层混合料的保水工作,以保证路面基层碾压的压实度达标。

第五,做好后期的养护工作。公路路面基层碾压完成后,需要对其进行有效的养护。通常路面受到外界环境的影响(例如日照、风吹等)会加速水分的蒸发,极易造成混合料出现脱水问题,进而影响路面基层的施工质量,甚至削弱路面基层的强度,使路面产生裂缝。因此,路面基层施工后的养护工作至关重要,相关人员应根据实际情况适当做好洒水保湿的养护工作,保证公路路面基层的整体施工质量,这也为公路工程的稳定推进提供一定的保障。

第三节　公路路面工程基层施工管理

在公路工程施工中,一定要确保路面基层的质量。

一、公路路面基层常见的病害

(一)路面基层出现裂缝

公路路面基层出现裂缝,主要是因为公路路面长期处在超负荷的通行状况或是受到雨水等自然因素的影响。从裂缝来看,主要包括横向和纵向两种,其中横向裂缝还被叫作疲劳裂缝,主要是温度应力或是气温差作用造成基层发生收缩。从纵向裂缝来看,其产生的主要原因通常和路基填筑具有密切的关系,主要是对路面基层进行加宽段施工过程中对其进行压实与填筑不均匀导致的。

（二）路面基层发生车辙病害

公路路面出现了车辙病害,主要是长期行车负荷导致公路路面产生了车轮纵向带状的凹槽,直接造成公路路面的平整度越来越差,使得行车的舒适性受到直接影响,有的路面特别严重,产生了辙槽积水,给行车的安全带来了风险。车辙病害的出现受到很多因素的影响,比如在基层路面施工当中沥青的含量过多,基层水稳性较差,等等。对公路路面所出现的车辙病害进行防治,首先要分析车辙病害出现的原因。如果是表面推移所导致的车辙,要对被损害的面层进行铲除后再重新加铺沥青混合料面层。如果是横向推挤所造成的车辙,则要对基层进行加固处理,之后把凸出部分铲除,用改性沥青混合料填充凹陷部分。如果是基层水稳性差而导致的车辙,在对沥青混合料进行配合比设计时要进行局部试验,并适当添加抗车辙剂。

二、公路路面工程基层施工应注意的事项

（一）要重视路面工程基层结构的稳定性

稳定的路基对于公路的质量和安全具有重大意义,所以在施工的过程中要采取一定的措施,确保路面工程基层结构的质量。

在使用公路时,其路面工程会遭受诸多挑战,例如公路本身的质量状况、车辆驾车不规范以及自然环境问题等。而如果公路路面工程缺少稳定性,则会造成路面出现变形和损坏等问题,危害驾驶人以及乘客的生命财产安全。因此,在公路路面工程基层施工时一定要重视其基层结构的稳定性。

（二）要重视水对基层路面施工的影响

因为水对于路面基层施工具有较大的影响，且不同的水温对于其强度会产生不同的影响。因此，在公路路面基层施工过程中，一定要重视水的影响。

三、公路路面工程基层施工处理可采取的策略

在公路路面基层施工的处理上，主要可以从施工工序的优化、施工技术策略的完善、施工材料的质量监管以及施工的严格管理四个方面着手。

（一）优化施工工序，提升路面工程基层施工水平

要做到科学地处理公路的路面基层施工，应该从以下方面着手。

第一，要做好对混合料的拌和工作，一般来说混合料主要由水泥，粗、细质骨料以及粉煤灰等材料组成，因为含水量较低，所以可以通过搅拌机械进行连续的搅拌。

第二，在路面基层施工环节，摊铺特别重要，它对后续的基础处理具有十分重要的意义。所以，要选取良好的摊铺设备。比如，选用那些精度较高的熨平摊铺机械。

第三，为了保证各种混合料能够更好地结合，确保其耐用且密实，必须做好对其的碾压处理工作，给混合料增添某种程度的动压力。从压实的步骤来看，主要是先进行初步压实，再进行复压和终压处理。在初压时期可通过静压做封面的处理工作，在复压阶段则可以通过轮胎压路机械进行处理，从而保证混合料的整体表面较为密实。而在终压处理阶段，为了解决复压和摊铺过程中所形成的轨迹和拉裂纹，可通过大钢轮压路机进行处理。

第四，为了保证公路整体路面的强度，要减少施工段的整体处理长度，减少摊铺路面，并对其进行尽快压实。如果施工段太短就可能造成压路机出现故障，而使压实接头变多，给路面的平整性和匀称性带来较大的影响。所以，要保证施工段满足强度耗损要求的最大距离。

第五，要做好路面工程基层施工的接缝处理工作。主要有干接缝与湿接缝两方面。

从湿接缝来看，主要是新老施工料的连接处，应在其前面事先留出 30～50 cm 的距离，另外，旧的施工料要与新铺混合料同时进行施工处理，以保证其良好的平整性和接缝的压实性。从干接缝来看，则可通过导木法处理，以保证接缝的密实良好，干净整洁，并且和中线相垂直。

第六，要做好路面基层施工的养护工作，从而保证公路路面保持更好的强度。在对路面进行养护的过程中，不能直接用洒水车对公路表面进行喷洒，而是要事先把路面的细料冲走，在表面可以用工布进行覆盖，同时在覆盖物上面喷洒雾状水。

（二）完善技术策略，提高路面基层施工处理效果

在公路路面基层施工的过程中，通过技术策略的不断完善能够促进实践效果的提高。

第一，要保证路面基层具有很好的强度。要确保路面基层和技术要求相符，基于所需厚度，增加材料的强度，使其具有较好的抗压水平、承载比以及回弹模量等。

第二，基层路面的刚度要和公路面层保持较好的匹配度，如果路面的面层和基层刚度之间存在很大的差异，就会造成面层面临较大的拉应力时发生快速开裂的现象。因此，在路面的基层施工过程中，要选取稳定性较好的，例如水泥、石灰粉、煤灰材料进行处理。

第三，要对基层的厚度进行适当的控制。因为沥青路面透水性较强，特别是在初期十分明显，一到降雨季节就会使表面的水渗透到底层和基层当中，或是从结合部位与路肩渗到结合层当中。如果路面层存在裂缝，就会导致表面的水渗透到结构层中，造成路面层太过潮湿。这就会导致高速行车时产生高压水，对基层的顶端产生冲刷作用，进而导致板下发生脱空现象，严重的还会发生断裂。潮湿的环境会导致公路基层和底基层的含水量越来越多，使公路整体的强度水平受到影响。基于此，要选取那些具有较好水稳定性的施工材料，科学地处理公路路面的基层和底层。

（三）强化质量监管，为路面基层施工奠定良好的基础

除以上策略外，强化对路面基层施工材料的质量监管，对确保公路路面的质量也十分重要。基于此，一定要根据国家在此方面的有关要求与规定来选择施工的基本材料。此外，要严格检查所购置的施工材料，坚决淘汰那些不合格的产品。

（四）严格管理路基施工，提升工程质量

对路基施工的管理主要从以下三个方面进行。

第一，重视路基填筑土方面的管理。当完成路基施工工作以后，需要回填填筑土。在选择回填土时，要选取那些具有较高回弹模量的土质。一般来说，土质的颗粒越细，其回弹模量越低，通常砂性土是较好的选择。基于此，一定要确保土质的干容量与含水量，确保路基密实度与强度都符合相关要求。

第二，确保土有最佳状态的含水量。在路基的压实方面，土的含水量会产生较大的影响，因此，使土质保持合适的含水量是确保路基稳定的重要条件。所以，在压实工作中，要有效地测量土质的含水量。假如出现含水量过多的状况，应该停止施工工作，晾晒土质。假如出现含水量过少的状况，应采取相应的措施，对其进行洒水作业，从而确保土的含水量符合要求。

第三，要保证路基的弯沉值和压实度。弯沉值与压实度是确保路基稳定的重要因素。就路基而言，其压实度就是每一层的密度，弯沉值则是其上部的整体强度，只有这两个方面都符合标准才可以确保路基的质量。

第六章 水泥混凝土路面施工技术

第一节 水泥混凝土路面的基础知识及施工技术

改革开放以来，随着我国国民经济的飞速发展，公路工程等交通事业也得到迅速发展，成为我国基础设施建设的重要组成部分。公路交通作为道路交通的主要形式，对人们的出行和经济的发展具有重要影响，其工程质量直接影响着道路交通的安全，而公路工程的发展离不开施工技术的提高和机械设备的完善。现阶段，由于水泥混凝土路面的施工技术具有众多优点，在公路工程建设中得到广泛应用，因此，本章将探讨水泥混凝土路面的施工技术。

一、水泥混凝土路面的基础知识

水泥路面，即水泥混凝土路面，俗称白色路面，是以水泥与水拌和成的水泥浆为结合料，以碎（砾）石、砂为集料，再加适当的掺和料和外掺剂，拌和成水泥混凝土混合料而筑成的路面面层和基层、垫层所组成的路面。当车辆行驶在水泥混凝土路面上时，路面会产生较小的弯曲和变形，所以，水泥混凝土路面也被称为刚性路面。

（一）水泥混凝土路面的分类

1.素混凝土路面

素混凝土路面，即普通混凝土路面，水泥混凝土路面除接缝区和局部范围（边缘和角隅）外，不配置钢筋。

2．钢筋混凝土路面

钢筋混凝土路面包括局部补强使用的间断（带接缝）钢筋混凝土路面、连续配筋混凝土路面和预应力钢筋混凝土路面。

3．装配式混凝土路面

装配式混凝土路面是在工厂中把混凝土预制成板块，然后运至工地现场装配而成的路面。

4．钢纤维混凝土路面

钢纤维混凝土路面是一种在普通混凝土基体中掺入不连续分布的短钢纤维的复合材料作为面层结构的混凝土路面。

（二）水泥混凝土路面的优缺点

1．水泥混凝土路面的优点

（1）强度高、刚度大、承载能力强

水泥混凝土路面具有很高的抗压强度和较高的抗弯拉强度及抗磨耗能力，对基层的承载能力要求较低，适合在稳定基层上的大交通量和重载交通量的高速公路、国道、厂矿道路上使用。

（2）稳定性好

水泥混凝土路面耐水性好，能够较好地在降雨量较大的地区和短期浸水的路面上使用。水泥混凝土路面的水稳性、热稳性较好，它的强度能随着时间的延长而逐渐提高，不存在沥青路面的老化现象。

（3）耐久性好

水泥混凝土路面的强度和稳定性好，使用期限一般为20年，能通行包括履带式车辆等在内的各种运输工具。在标准轴载作用下，疲劳寿命为500万次～1 000万次。水泥混凝土路面的抗冻性、抗滑性、耐磨性等耐久性优良。

（4）有利于夜间行车

水泥混凝土路面能见度好，有利于夜间行车。

（5）隔热性好

对于季节性冻土路段，水泥混凝土路面在防止路基冻土融化失稳上有重要作用。

另外，水泥混凝土路面更环保，当水流经过时，路面水对周围土壤和地下水无污染。在保证建设质量的前提下，水泥混凝土路面维修费用低、运营油耗低、经济性好，无沥青路面的弯沉盆。水泥混凝土路面行驶车辆的燃油消耗比沥青路面的燃油消耗节省15%～20%。

2. 水泥混凝土路面的缺点

（1）同等平整度舒适性较低

刚性路面模量很高，反弹颠簸大，设置的接缝多，振动大、噪声大。

（2）板体性强，对基层的抗冲刷性要求高

水泥混凝土路面要求基层表面平整、抗冲刷能力强，否则易在接缝处出现唧泥、错台与啃边现象。

（3）刚性大，不适应较大沉降

普通水泥混凝土路面不适用于基层与路基变形大和不均匀沉降的山区填、挖方交界，以及高填方及长期浸水路段。

（4）对超载与脱空相当敏感

普通水泥混凝土路面在超载条件下对板厚设计不足、材料强度不高或不均匀、结构内渗透排水不畅、施工质量不高、基层冲刷和基础支持不稳固等很敏感，超轴载运行对刚性路面极为不利，极易引起断板、断面、断角等结构性破坏。

（5）维修难度大

水泥混凝土路面硬度大，在缺乏修复新材料和机械时，维修较为困难。

另外，水泥混凝土路面容易造成司机眩光疲劳。水泥混凝土路面的光、热反射能力高于黑色沥青路面的光、热反射能力，针对这一点，水泥混凝土路面可使用彩色路面技术对路面的颜色进行调整。

二、水泥混凝土路面施工技术

（一）模板安装技术

模板安装作为公路水泥混凝土路面施工的初始环节，保证模板安装质量，不仅能够提升公路路面的承载能力，还能够避免公路水泥混凝土路面施工时受到外在因素的干扰，保证公路路面施工符合工程项目综合施工要求。从公路水泥混凝土路面施工的角度出发，应结合工程项目实际建设施工要求选取刚性较强的模板，以降低公路路面在长时间使用过程中出现模板断裂现象的可能。另外，在进行模板安装时，还应考虑模板安装位置，尽可能保证模板处于平衡状态，避免公路路面模板安装时出现扭曲问题。

（二）水泥混凝土拌和技术

在进行公路水泥混凝土路面施工时，应充分考虑公路实际建设施工情况，据此调整水泥混凝土中各种原材料所占比重。在水泥混凝土中各项原材料所占比重达到相应标准时方可开展水泥混凝土拌和工作，继而形成综合质量优良的水泥混凝土材料。完成拌和工作后的水泥混凝土在运输过程中还有可能出现离析问题，造成公路水泥混凝土路面施工质量下降，难以满足工程项目施工精度要求。为解决这一问题，应选取合适的交通工具运输水泥混凝土，控制水泥混凝土离析频率，保持水泥混凝土固有性能。

（三）水泥混凝土路面摊铺与振捣技术

在进行水泥混凝土路面摊铺时，需要相关人员将浓度合适的水泥混凝土倒入特定的模具当中。如果在水泥混凝土路面摊铺过程中出现混凝土离析问题，则需要对水泥混凝土重新进行搅拌，从而有效解决水泥混凝土离析问题。在多雨季节进行公路水泥混凝土路面施工时，应强化工程项目施工现场的防雨效果，并利用特定的振捣设备进行水泥混凝土振捣工作。

（四）水泥混凝土路表处理技术

由于水泥混凝土路面本身具备较强的摩擦力,因此用水泥混凝土进行公路路面施工之后,还应按照水泥混凝土路面摩擦力大小对其进行拉毛处理,强化公路路面的耐磨性,从而降低公路上出现交通事故的可能性。由于拉毛处理对公路路面施工技术有很高的要求,因此在对公路水泥混凝土路面进行拉毛处理时,应结合公路路面实际施工情况选择适当的拉毛技术,保证公路路面拉毛纹理的美观性。在对水泥混凝土路面的表面进行处理时,应按照规定的流程实施各项表面处理工作,之后对公路路面进行综合防护,避免对公路表面水泥混凝土的平整性产生影响。

第二节 水泥混凝土路面施工质量管理

一、水泥混凝土路面施工质量控制要点

（一）严格执行施工技术交底制度

施工技术交底是一项很重要的技术管理工作,是工程质量预控的最后一道关口,是主动控制施工质量的有效途径,因此,水泥混凝土路面施工前必须进行施工技术交底。

1.编制施工技术交底方案

根据工程特点、施工条件等,结合工程设计施工图、水泥混凝土路面施工规范、技术操作规程、质量验收规范等编制施工组织设计交底、分项工程施工技术交底、设计变更技术交底、测量工程专项交底、安全交底等施工技术交底方案。各项施工技术交底方案内容要全面,具有针对性和可操作性。

2.分级交底

施工技术交底分三级进行:第一级交底由项目总工向部门负责人及全体技术人员进行技术交底;第二级交底由项目技术部门负责人向现场技术人员和班组长进行技术交底;第三级交底由现场技术员向全体作业人员进行技术交底。技术交底采用书面形式,接受技术交底人员须签字确认。

3.加强检查,及时纠偏

项目技术主管部门应加强对技术交底执行情况的检查,发现施工出现与技术交底有偏差的情况时要及时整改并对整改情况进行跟踪检查。

(二)选用符合质量要求的原材料

水泥是一种良好的矿物胶凝材料,是混凝土组成材料中最重要的材料。配置公路用面层水泥混凝土,需根据道路交通荷载等级、施工环境温度等选择合适的水泥品种。水泥各龄期的实测强度值、成分要求、物理指标应符合相关规定。对拟采用厂家水泥应进行混凝土配合比对比试验,根据所配制的混凝土弯拉强度和耐久性选择适宜的水泥品种和强度等级。

粗集料应使用质地坚硬、耐久、干净的碎石或卵石,技术指标应符合相关要求,按最大公称粒径的不同采用2~4个粒级的集料进行掺配。不同交通荷载等级的公路要使用不同级别的粗集料。

细集料应使用质地坚硬、耐久、干净的天然砂或机制砂,不宜使用再生细集料,级配应符合相关要求,使用天然砂时细度模数宜在2.0~3.7,使用机制砂时细度模数宜在2.3~3.1。细度模数差值超过0.3的砂应分开堆放并分别进行配合比设计。不同交通荷载等级的公路要采用不同级别的天然砂或机制砂。

其他的材料质量也应符合相关要求。

(三)合理确定水泥混凝土配合比

公路面层水泥混凝土的配合比设计应满足其弯拉强度、工作性、耐久性要求,同时需要综合考虑公路面层结构特点、原材料性能、施工工艺及设备、施工环境等因素。

1.采用正交试验法进行混凝土配合比设计

采用正交试验法进行混凝土配合比设计能够提高公路面层混凝土的配置技术水平，但该方法对配置实验条件及实验人员有着较高的要求，最好委托有资质和专业水平较高的实验室进行。

2.做好目标配合比设计

水泥混凝土配合比设计包括目标配合比设计与施工配合比设计两个阶段。目标配合比设计是施工配合比设计的重要基准，它是在实验室内经过全面性能检验的配合比。通过目标配合比设计阶段，我们可以确定配合比中最重要的参数，如单位水泥用量、砂石料用量、用水量、掺合料用量等。

3.合理确定施工配合比设计

施工配合比设计以目标配合比设计为基准，结合施工现场实际情况来确定。在施工配合比设计中，单位水泥混凝土用量、掺合料用量与目标配合比相同（单位水泥混凝土用量只能略微增加而不能减少），单位砂石料用量、用水量需根据实际使用的砂石含水率来确定。

二、水泥混凝土路面施工质量的管理策略

（一）做好水泥混凝土路面施工前的各项准备工作

在水泥混凝土路面建设过程中，要做好施工前的各项准备工作，这也是保证水泥混凝土路面施工质量的前提条件。水泥混凝土路面开始施工前，需要准备好施工原材料，如水泥、砂石、白灰、黏土等，同时要仔细检查原材料，防止不合格的原材料用于路面建设中。施工前，需要对碎石的表观密度、堆积密度等进行检验，对白灰的钙、镁含量等指标进行检验，对黏土的塑限指数等进行检验，保证原材料达到水泥混凝土路面建设的质量标准要求后再投入使用。

（二）加强对水泥混凝土路面施工材料的质量管控

施工材料是水泥混凝土路面施工的重要组成部分，要想保证水泥混凝土路面的建设质量，必须先从源头上对原材料的质量进行有效控制。在水泥混凝土路面建设过程中，要严格对原材料进行检验，保证原材料相关的参数和强度等满足公路的建设要求，可以视密度、压碎值等对原材料的质量进行合理判断，对路面的含沙量和粒径进行严格控制，保证水泥混凝土路面具有较好的稳定性和抗压性，促进水泥混凝土路面施工质量的提升。

（三）加强水泥混凝土路面施工中的温度管控

加强水泥混凝土路面施工过程中的温度控制，也是保证其施工质量的重要措施。在对水泥混凝土路面进行施工时，如果温度控制不好，会对路面建设造成非常严重的影响。所以，要引起重视，组织专门的温度测量人员负责温度的测定工作。测量前，温度测量人员应做好温度计的校验工作。测温孔的选择对温度测定的精度有很大影响，应先绘制出布置深度平面图，铺设道路基层时可适当选取温度变化较大的部位安放测温设备，具体操作施工中应设立一定的间隔时间进行测温。温度测量人员应认真记录温度变化情况，避免因人为疏忽造成数据失效。

（四）做好水泥混凝土路面压实及防水工作

水泥混凝土路面的压实度是影响质量的重要因素。在进行路面填料和碾压时，要对路面的摊铺质量和碾压工艺进行重点把握，严格控制路面压实的速度和力度，保证路面碾压的合理性及压实度满足质量要求。

水泥混凝土路面如果不做好养护，很容易受到雨水的侵蚀，出现质量问题。施工人员在将路面铺设完成后，要保证涂刷三遍以上才能够达到比较好的防水效果，防止路面两侧的空洞造成两侧路面的塌陷，影响公路的正常使用。为保证水泥混凝土路面建设完成后具有良好的排水性能，在路面建设过程中需要根据其实际情况设计一些盲沟，不仅能起到防水、排水的效果，同时也能利用盲沟的排水作用对路面进行防护。为防止雨水对路面造成比较严重的侵蚀,可以在路面两旁多种植一些植物,利用植物提升其防水性能,为水泥混凝土路面使用安全提供更好的保障。

(五)加强对水泥混凝土路面施工质量的监督

公路建设部门要加强对施工过程的监督和管理,在选择施工人员时,要选拔那些专业能力强并且具有责任心和丰富工作经验的人员进行施工,保证工作人员能够独立完成施工任务,掌握每个施工环节的质量控制标准,加强施工质量的监管和评测,及时发现施工过程中出现的问题和存在的安全隐患,保证公路施工的顺利进行。此外,施工单位还要注意提升施工人员的整体素质,除对施工人员进行严格筛选之外,还要加强对施工人员的培训,对专业能力要求较高的重要岗位给予重视,从多个方面加强施工人员的质量意识和安全意识,调动施工人员的工作积极性,为水泥混凝土路面施工质量提供有效的保障。

(六)保证水泥混凝土路面的外观质量

水泥混凝土路面外观对其正常使用有着非常重要的影响,只有做好路面外观的防护,才能有效延长公路的使用寿命。在使用过程中,如果没有做好水泥混凝土路面外观的质量控制,很容易导致公路表面出现坑洞或者不平整等问题,车辆在这样的路面上行驶会面临很大的安全隐患,容易发生交通事故。此外,不平整或者坑坑洼洼的路面也会对公路的整体美观性造成很大影响。所以,在保证水泥混凝土路面施工质量的同时,一定要保证路面外观的美观性,对公路上出现的坑洞及时进行处理,防止造成安全隐患。

总之,要保证水泥混凝土路面施工质量,除确保路基质量外,还必须严格把控路面施工材料质量。水泥混凝土路面施工会受到地域等因素的影响,施工过程中要依据气候、季节灵活调控。

第三节 水泥混凝土路面滑模施工技术

一、滑模施工机械和工艺研究现状

（一）滑模施工机械研究现状

水泥混凝土滑模施工机械，即滑模摊铺机，最开始是在20世纪60年代初在美国设计生产的，最快摊铺速度可达到1 km/天，与其他的水泥混凝土路面摊铺方法相比，滑模摊铺机在当时的条件下极大地提高了水泥混凝土路面的摊铺效率。随着电子控制系统、人机交互系统、机械设计的不断发展，水泥混凝土路面滑模摊铺机的可操控性、行驶稳定性逐步增强。我国对滑模施工机械的相关研究、设计与生产则相对较晚，且国内大型施工机械制造技术水平较差，与国外相比尚有很大差距。总的来讲，我国机械制造业的飞速发展促进了我国国产滑模摊铺机制造质量的提高，相信未来我国国产水泥混凝土路面摊铺设备会在全世界得到广泛应用。

在滑模施工中，滑模摊铺机行进过程中的稳定性十分重要，其稳定性与水泥混凝土滑模摊铺机的受力状况息息相关。美国康明斯公司在设计、研发SF-350型滑模摊铺机时对该类型设备的实际受力状况进行了相应研究。我国胡永彪教授在前人研究的基础上对四履带滑模设备的四柱承受力情况进行了进一步探索并给出了相关推导的理论公式。不仅如此，胡永彪教授对滑模摊铺机处在工作状态下的推料阻力进行了相关研究，得出了相关的理论公式，这些研究成果对滑模摊铺机的改进起到推动作用。

（二）滑模施工工艺研究现状

国外对滑模施工工艺的研究可以追溯至20世纪60年代，研究发现，滑模施工中涉及的混凝土拌和、施工、预制模板的安装等工序均在现场一次性完成，这样的工艺是水泥混凝土路面施工技术未来发展的趋势。相关公司对滑模施工技术进行了改进，如在摊铺机上加装搓平梁、超级抹平器等设备进行抹平操作，这些改进措施的出现极大地提高了抹平效果并有效减少了费用。

20 世纪 90 年代后，随着我国水泥混凝土路面修筑里程的大量增加，学者对滑模施工工艺的研究也在逐步深入，此时对混凝土坍落度的要求已经达到 20～30 mm。哈大（哈尔滨至大庆）公路水泥混凝土路面施工段采用了美国康明斯公司生产的 SF-250 型滑模摊铺机，采用翻斗汽车运输混合料，其堆料高度控制在螺旋分料器高度的一半左右，内置振捣棒频率为 200 Hz，作业速度为 0.8～1.0 m/min，采用钢丝刷进行拉毛作业。

研究人员在对比美国与我国水泥混凝土路面滑模施工工艺的不同点时提出：西方发达国家尤其是美国，其水泥混凝土配合比设计中水泥用量一般不小于 400 kg/m³ 且砂率远大于我国要求的 28%～38%。路面施工每摊铺 10 m 需对运抵现场的混凝土进行含气量的测定，摊铺过程中采用翻斗车、罐车、运拌车相结合的混合运输方式，保证混合料的匀质性。振捣时，采用电动超高频率振捣棒并进行加密设置，使得混凝土路面至板底均能受到充分振捣，确保其密实性。而摊铺机作业速度、基准线桩距设置与国内相比没有差别。相关研究人员在研究桩距与平整度的关系时指出，基准线桩距对水泥混凝土路面平整度影响很大，桩距越小，基准线的张力越大，路面平整度越好，5 m 桩距路面平整度 IRI 值平均比 10 m 桩距路面平整度 IRI 值小 19.49%。

二、水泥混凝土路面滑模施工技术要点

（一）摊铺基准控制

基准线的设置采用全站仪进行测量放样，然后在道路两侧拉线，确定线型、宽度和高程。

在道路两侧打拉线桩，间距为 5～10 m。

采用 5 mm 钢绞线作为拉线，拉线固定在拉线桩上，为了防止下垂，其拉紧力不得小于 1 000 N。

基准线设置过程中采用全站仪配合测量,保证水泥混凝土路面的宽度、厚度、纵坡和横坡等指标符合要求。

对设置好的基准线应加以保护,防止外物碰撞,影响基准线的精度。

(二) 摊铺机参数调整

①根据水泥混凝土路面的厚度、纵坡、横坡、宽度等参数对摊铺机进行调整并将摊铺机支柱放在基准线上。

②摊铺机摊铺一定长度后,对路面各参数以及外观质量进行检验,合格后方可继续施工,不合格找出原因,解决后方可继续施工。

③如果水泥混凝土的坍落度发生改变,可通过调整摊铺速度和振捣频率来满足施工要求。

④摊铺过程中对混凝土堆料高度进行控制,过高会影响标高和横坡的准确性,过低会使混凝土表面出现麻面。

⑤摊铺机摊铺后的路面表面一般不进行修整,禁止局部添加薄层修补,存在严重缺陷时可进行局部整修。

(三) 滑模摊铺施工

1.水泥混凝土的拌制

①水泥混凝土拌制过程中必须严格控制各类原材料用量,保证配合比准确。

②密切关注细集料的含水率,增加含水率的抽检次数,必要时调整混凝土拌制的加水量。

③现场施工人员不得私自改变水泥混凝土配合比或集料级配,当使用的原材料产地发生变化时,可根据集料的情况重新确定水泥混凝土的配合比。

④水泥混凝土拌和机在施工前必须进行标定,确保其计量装置符合施工要求后方可使用。

⑤如需在水泥混凝土内添加外加剂，应准确称量外加剂并保证拌制均匀。

2.水泥混凝土的运输

①水泥混凝土路面滑模施工中，应根据搅拌站的生产能力、运输距离、摊铺机的摊铺速度等确定运输时间。

②运送到施工现场的水泥混凝土应使用抽样检查的方式检测其坍落度。

③运输过程中尽量减少颠簸，防止水泥混凝土发生离析。

④如采用自卸汽车运输，必须保证车斗内清洁，防止水泥混凝土黏结在车斗内壁。

⑤在运送过程中应对水泥混凝土进行拌和，防止其出现离析现象。

⑥运送至施工现场的水泥混凝土严禁加水，如发现和易性变差，可添加外加剂进行处理。

3.超高路段滑模摊铺

一般来说，超高路段的水泥混凝土路面宽度大于直线路段的路面宽度，这给施工带来了一定的困难。对不具备渐变宽度功能的摊铺机来说，施工难度较大。在摊铺机上加装辅助侧模能有效解决摊铺宽度不够的问题，而在直线段施工中仍采用摊铺机的自带侧滑模板，不会影响正常施工。

4.接缝设置与施工

水泥混凝土路面的施工缝、胀缝施工时，采用前置钢筋支架法安装胀缝板、传力杆。为了防止胀缝板移位，胀缝板的顶面应在混凝土表面以下 4 cm，并用钢筋支架固定在基层上。在每日施工结束后会产生横向施工缝，必须保证接缝平顺并设置传力杆。施工中专门设计了一个端头模板并已开孔，以便于传力杆的安装。

（四）水泥混凝土路面养生

水泥混凝土路面养生期不得少于 7 d，养生期间进行交通管制，防止行人和车辆损坏路面。

（五）切缝和表面抗滑构造施工

切缝应根据切缝间距、切缝时间和切缝方向等要求进行施工，以保证切缝质量。切缝后应及时填缝，以防止水分和杂物进入，损坏路面结构。表面抗滑构造可以提高水泥混凝土路面的抗滑性能，应结合混凝土强度进行施工。

第七章 沥青路面施工技术

第一节 热拌沥青混合料路面施工

一、热拌沥青混合料配合比设计

（一）原材料质量控制

1.沥青

一般情况下，铺路所使用的沥青为改性沥青，这种沥青的特点在于高温、低温性能都较好，而且具有良好的弹性恢复性能。在沥青材料进入工地的时候，相关的施工单位试验室必须根据相关规定和要求对沥青进行严格抽检，进场合格的沥青必须贮存在专用的贮存罐中。另外，在贮存罐中需要加设搅拌设备来确保沥青在使用的时候是均匀的。

2.集料

集料是进行沥青混合料配合比的设计过程中矿料级配的主要组成部分，也是进行主要受力支撑的关键材料，是沥青混凝土路面铺设的关键。其是否均匀、颗粒形状和表面粗糙度情况是否良好，对整个沥青混合料的嵌挤力情况及相应的摩阻力情况有重要影响。矿料级配的好坏对沥青混合料的各项性能指标产生直接影响。如果想要配比出物理性能比较理想的合成矿料级配，相关的施工单位需要把控好集料的质量，并且要注意确保操作过程中的质量控制，这是非常重要的。为提高进料过程中的管理水平，工地的试验室需要对进场材料逐批进行检验，为确保进场后每一种规格集料分类管理，相关的工地沥青混凝土拌和站需要对进站道路及贮料场地进行一定的硬化处理，并注意设置隔离墙和防雨棚。

(二)沥青试样的制备

在施工的时候,为了确定沥青试样在经过一定的加热处理后不会出现沥青老化的问题,相关的操作人员必须关注沥青试样的结果。试验人员在进行操作的时候,需要对沥青进行试样,且不能直接放在电炉或明火上进行加热处理,若利用冷却后的试样进行反复加热的话,其次数不能超过 2 次,这样可以防止沥青老化,避免造成沥青混合料的性能发生变化。

(三)热拌沥青混合料配合比试验

在集料试验的操作规程中,对沥青混合料所使用的矿料级配需要采取干筛法和水洗法进行确定。如果仅使用干筛法,一般情况下,会出现直径小于 0.075 mm 的颗粒物在矿料上出现黏连的情况,导致细小的颗粒物筛不下去,就不能真实反映矿料的级配情况,这样就会对矿粉的添加数量产生一定影响。有的试验室通过水洗法对直径小于 0.075 mm 的颗粒物进行含泥量的评定,这是一种不科学的行为,因为在细集料中往往会存在很多直径小于 0.075 mm 的杂质,如黏土、尘屑和石粉等,这些杂质无法用水洗法,所以无法进行区别。

拌制沥青混合料的主要步骤如下:首先,需要预热沥青混合料拌和机,使其温度高于拌和温度 10 ℃左右,备用。其次,把每个试件预热的粗细集料放在拌和机当中,然后通过小铲进行适当的混合,接着加入一定数量的已经加热到全拌和温度的沥青。把拌和机开动,一边进行搅拌,一边把拌和叶片放到混合料中进行拌和,大约 1~1.5 min,接着暂停拌和工作,加入一定量的单独加热的矿粉接着进行拌和,直到拌和均匀,在操作过程中需要使沥青混合料尽量保持在要求的拌和温度范围内。

马歇尔实验是最为常用的热拌沥青混合料配合比试验。在进行马歇尔试件的制作前,需要进行人工炒拌,这种方法容易造成沥青出现局部过热老化的情况,而且沥青混合料拌和得也不是非常均匀。所以,在进行实际操作的时候,相关的试验人员需要遵照相关的试验规程，通过分计筛对单个试件进行配料，并通过一些小型沥青混合料拌和机和烘箱进行试样。通过试验发现，沥青混合料温度或模具预热的温度如果达不到规定试件击实温度的要求，就会对试件的密度和空隙率产生影响。

马歇尔试件成型高度对沥青混合料性能的测定影响比较大，所以，在试件击实的操作结束后，需要应用游标卡尺对试件的高度进行测量，并对试件击实需要的数量进行调整，如发现测定高度不符合标准尺寸的一些试件，应进行废弃处理，这样可以大大提高实验数据的准确率。

试件在经过恒温水浴后，必须在一定的时间（大约 30 s）内取出。如果没有在规定的时间内取出，试验的温度可能会相差比较大，将对单个试件的稳定度和流值产生一定的影响，同时也会导致试件的整个测定值的离散情况加大，造成试验的结果不具有代表性。

（四）试验仪器设备检定情况

试验仪器设备精度可以对试验结果的准确性产生直接影响。在进行沥青混合料配合比的设计过程中，需要使用的试验仪器非常多，主要有称量用的仪器、马歇尔稳定度测定仪、进行试件养护操作的恒温水浴以及烘箱等一系列仪器。

马歇尔试验是进行混合料配合比设计过程中非常关键的一个试验项目，其数据的准确性是很重要的。一般情况下，要求对试验使用的仪器在进行操作前必须经过检定合格后才能使用。在实际试验的时候，可能会遇到荷载增加很少，但是流值持续增加的现象，出现这种现象的时候，需要仔细检查仪器是否处在一个允许的精度范围内。另外，还需要对试验的结果进行修正。

现代科学技术的发展推动了公路工程沥青施工技术的发展，在道路建设、养护过程中，沥青施工技术已经得到认可和广泛应用。沥青施工技术在有效解决路面问题的同时，在环境保护和资源节约方面也发挥了极大的作用，明显提高了道路的建设质量与养护质量，为社会的发展作出了较大的贡献。在实际应用过程中，为了更好地提高公路工程的整体建设质量，必须严格控制沥青混合料的配合比设计，提高热拌沥青的制作质量，保证沥青施工技术能够充分发挥作用。

二、热拌沥青混合料面层质量控制

（一）相关规范标准和本项目设计文件的学习和研究

施工单位虽然曾经从事过热拌沥青混合料的施工，但每个项目都有不同之处，特别是近年来我国很多技术标准规范都有变化，要做好质量控制，仅仅依赖经验是不够的，必须在开工前组织项目的管理人员，进行相关规范标准和本项目设计文件的学习和研究，准确了解本项目热拌沥青混合料的技术要求，编制有效的沥青混合料施工方案，做到心中有数，减少盲目性。

（二）施工条件的分析

要确保热拌沥青混合料面层质量，必须对项目所在地沥青混凝土生产和运输，以及施工现场条件进行细致的分析。近年来，热拌沥青混合料面层已广泛应用到城市道路和城际道路中。沥青混合料可以采购，但道路情况、交通组织情况等都会对其运输有很大影响，施工现场狭窄、其他市政设施的影响也是需要考虑的因素。因此，对项目所在地沥青混凝土生产和运输、施工现场条件的分析是必须的。

（三）配合比的设计

沥青混合料配合比是保证热拌沥青混合料面层质量的重要因素。沥青混合料配合比的设计应遵守下列规定：①各地区应根据气候条件、道路等级、路面结构等情况，通过试验，确定合适的沥青混合料技术指标；②沥青混合料技术要求应符合规定并有良好的施工性能；③沥青混合料配合比的设计应严格按照以下步骤进行：目标配合比设计阶段—生产配合比设计阶段—生产配合比验证阶段；④沥青混合料配合比设计报告应包括工程设计级配范围选择说明、材料品种选择与原材料质量试验结果、矿料级配、最佳沥青用量及各项体积指标、配合比设计检验结果等，并对施工压实工艺提出技术要求，同时应依据实验段的实际数据对施工配合比进行调整；⑤经设计确定的标准配合比在施工过程中不得随意变更，但生产过程中应加强跟踪检测，严格控制进场材料的质量，若遇材料发生变化并经检测沥青混合料的矿料级配、马歇尔技术指标不符合要求时，应及时调整配合比，使沥青混合料的质量符合要求并保持相对稳定，必要时重新进行配合比设计。

（四）热拌沥青混合料面层施工温度的控制

热拌沥青混合料面层要严格控制各个环节的温度。热拌沥青混合料施工过程涉及温度的阶段大致有以下三个：①热拌沥青混合料生产阶段：沥青加热温度、骨料温度、混合料出料温度、混合料废弃温度；②热拌沥青混合料运输阶段：混合料装车温度、混合料到达现场的温度；③热拌沥青混合料施工阶段：摊铺温度、初压温度、终压温度。施工时的天气状况、混合料的温度情况对热拌沥青混合料面层施工质量控制来讲，各环节温度的控制是重中之重，必须严格按照技术标准规范和本项目的设计文件要求执行，对不符合规定要求的热拌沥青混合料必须废弃并妥善处理废弃物。

（五）施工人员的考核培训

对热拌沥青混合料面层质量控制而言，项目的现场施工人员非常重要，必须在施工前对拟投入现场施工的人员进行考核和培训。项目的现场施工人员具体包括施工员、机具设备操作人员、测量人员、试验检测人员、安全员、资料员等，不合格的人员不能上岗，相关人员必须熟练掌握施工工艺流程和操作要求，杜绝因人员问题影响施工质量。

（六）检测的及时性

试验检测是确保热拌沥青混合料面层施工质量的重要手段，按照技术标准规范及时进行相关试验检测是关键，不能在规定的时间以外另行取样和检测，这样会使检测结果不准确，影响施工质量。

综上所述，热拌沥青混合料面层因具有优越的性能广泛应用于我国各种等级公路、市政道路的建设中，但由于热拌沥青混合料路面施工工艺较多且施工技术复杂，影响工程质量的因素较多，因此，相关人员必须按照规范标准和项目的实际情况在施工准备阶段、施工过程中以及验收阶段对各个关键环节给予严格的把关，以确保热拌沥青混凝土路面工程的施工质量，避免发生质量问题。

三、热拌沥青混合料路面施工技术

（一）热拌沥青混合料路面施工技术要点

1.沥青混合料的拌和

热拌沥青混合料的拌和采用厂拌法，将集料和沥青在拌和机内加热与拌和，按照配合比进行生产，在施工过程中严禁随意变更经设计确定的标准配合比。采用专用拌和机对混合料进行拌和，拌和设备的各种传感器每年至少检修一次，拌和机必须配备计算机，在拌和过程中能确定各种材料的用量、混合料的拌和总量、拌和温度等各种参数，并可以实时打印。拌和时严格控制各种材料的用量和拌和温度，拌和后的沥青混合料应色泽均匀，无花白和团结成块或粗、细料严重离析现象，确保拌和质量。拌和时，应使混合料拌和均匀，矿料颗粒全部被均匀裹覆沥青。

2.沥青混合料的运输

采用吨位较大的汽车运输沥青混合料，车厢内壁可以涂一薄层油水混合液，能起到隔离作用。放料时，每放一料斗沥青混合料，就要挪动一下汽车，以减少集料离析现象。运料车应采取保温、防雨、防污染等保护措施，最好用篷布覆盖。到达摊铺现场的沥青混合料应符合规范规定的摊铺温度要求，严禁使用已结成团块或被雨淋湿的沥青混合料。

3.沥青混合料的摊铺

（1）摊铺前的准备工作

摊铺沥青混合料前，必须检查施工放样情况并确认下层的质量，将下承面清扫干净，并浇洒透层、黏层或铺筑下封层。按松铺系数调整好摊铺机。实际施工中，摊铺机在进料前应在斗内涂刷少量防止黏料的柴油。摊铺机前方要有运料车等候，运料车数量大于 5 辆时，可以开始摊铺。

（2）机械摊铺时的控制

采用两台以上的摊铺机成梯队进行阶梯式同步联合作业，相邻两台摊铺机相距应大于 10 cm，相邻两个摊铺面保持 5~10 cm 的摊铺重叠。当摊铺到 10 cm 左右时，应检测摊铺面标高、横坡、厚度，确保这些数据符合设计时再进行摊铺，摊铺过程中尽量避免纵接缝。摊铺机的摊铺速度应与拌和机的生产能力匹配，摊铺过程中保持匀速，避免摊铺机停机待料的情况，若因故中断摊铺，应按照规定设置横接缝。应设专人在摊铺机后解决粗细集料离析的问题，铲除局部粗集料窝和粗集料带，并用新拌的混合料填补。

（3）摊铺温度的控制

沥青混合料的摊铺温度控制也是确保摊铺质量的关键因素之一。在实际摊铺中，应根据沥青的品种、标号、调度、气温、摊铺厚度等按规范选用。当道路温度低于 5 ℃ 时，不宜摊铺热拌沥青混合料。

（二）热拌沥青混合料路面施工质量控制要点

1.施工前的质量控制

第一，施工队伍要按照工程施工的内外部环境做好准备工作，比如机械的检查等。第二，了解工程规模以及其他技术性的参数，并且以此为基础制定施工设计方案。之后，需要不断调整方案，以确保施工方案准确无误。施工方案直接影响着整个路面施工的质量以及进程。第三，控制好沥青混合料的原材料质量，从采购到进场都要把好关，尤其是在进场环节，需要有专门的技术人员来检查原材料的质量，如果不符合技术标准，要马上撤离，尽快采购新的原材料，以免延误工期。

2.施工中的质量控制

施工期间的质量控制工作更为重要，因为热拌沥青混合料面施工期间受到的影响因素比较多，因此，每一个施工环节都要认真对待，尤其是重点施工工序，比如沥青混合料的配比以及拌和等,科学、合理的配合比是热拌沥青混合料路面质量得以保证的前提。除此之外,相关质量控制人员还需要时刻检查机械设备,有些机械设备故障不易察觉,一旦正常施工作业就会出现。针对这种情况,在间歇期间,相关人员要仔细检查机械设备。另外,质量控制人员还应该掌握施工原理以及重要的施工工艺,只有如此,在质量控制过程中,才能了解哪些施工工艺违反了规程。施工中的质量控制工作最为重要的一点就是对材料质量的控制,材料进场前需要做好检查工作,而在施工中也需要做好材料的质量检查工作,尤其是需要储存的材料,储存环境要达到标准,要注意防潮。

施工期间对沥青混合料的检查主要有以下几点:首先,检查其出厂温度。通常情况下,施工之前沥青要使用导热油实现加热的目的,沥青加热的程度主要是以出厂温度为参考,因此,如果出厂温度出现误差,则会影响沥青的使用。其次,检查其拌和的均匀程度。一般情况下,沥青混合料拌和达到均匀的程度即可停止,因此,并没有明确规定沥青混合料的拌和时间,搅拌结束之后,还需要进行试验,试验合格之后才可以使用。最后,检查沥青混合料的外观。沥青混合料的外观应该没有白料,并且均匀一致,也没有出现冒青烟的现象。此外,沥青混合料还不能存在粗细料离析的情况。如果沥青混合料的外观存在上述问题,则坚决不能使用。

3.施工后的质量控制工作

施工结束之后,单位要做好总结,整理相关的技术性文件,以便后期查找,派遣专门的人员进行路面养护,养护时间要符合标准要求,一般为7天。依据路面情况可以采取多种养护措施,养护工作是热拌沥青混合料路面施工最后一个环节,如果这个环节出现质量问题,前面的准备工作以及质量控制工作都会前功尽弃。

总的来说,沥青混合料施工工艺明确,比较容易控制成本,但是该技术依然有一些缺陷,因此,在实际应用中,施工人员要综合考虑。

第二节　冷拌沥青混合料路面施工

一、冷拌沥青混合料配合比设计

对于冷拌沥青混合料的配合比设计，国际上尚无公认的方法。冷拌沥青混合料的配合比设计主要包括矿料级配类型及乳化沥青用量的确定两方面的内容。冷拌沥青混合料在原材料选定之后的配合比设计应坚持以下两点：第一，从沥青路面各种可能的破坏形式进行综合考虑，使混合料在性能上得到保证，避免沥青路面可能出现的破坏；第二，对沥青混合料设计与沥青路面结构设计进行综合考虑。本书主要基于施工地区的自然条件，结合高聚物改性乳化沥青应用于冷拌沥青路面的具体要求，通过试验研究，进行材料的组成设计研究，通过配合比设计确定冷拌沥青混合料的矿料级配及沥青用量。

（一）矿料级配的确定

好的矿料级配组成应该是在热稳定性允许的条件下，使矿料孔隙率最小，以及有足够的裹覆沥青所需的结构比表面积，以保证矿料之间处于最紧密的状态，并为矿料与沥青之间相互作用创造良好条件，使沥青混合料最大限度地发挥其结构强度的作用，从而获得良好的使用性能。

1.矿料的最大粒径

对于冷拌沥青混合料的矿料最大粒径，除需要考虑结构厚度、耐疲劳性能、和易性、施工密实性和平整度外，还需要考虑铺筑深处的强度。冷拌沥青混合料的问题在于铺筑深处的强度不易保证，为了提高其深处的强度，施工时建议分层压实，每层厚度不超过2.5 cm，则其最大粒径应小于12.5 mm。另外，要考虑混合料的维修、养护功能，为保证路面坑洞大小、深浅不一的随机情况下都能修补使用，冷拌材料的最大粒径不宜过大。

2.矿料级配类型

对于冷拌沥青混合料的级配类型，各国之间差异很大，我国规范规定冷拌料的级配应符合补坑的需要,粗集料级配必须具有充分的嵌挤能力,以便在未经充分碾压的条件下保证车辆正常通行。

3.级配检验

参照以往沥青路面冷拌料目标配合比的工程应用情况,选择油石比(纯残留物含量)4.5%作为3种试级配用油石比,先加水2%(占集料总重)润湿集料,常温下拌和。待拌和完1h(根据具体沥青种类而定),混合料由褐色转为黑色的时候装模,双面击实,各50次。击实后,不脱模放在110℃烘箱烤24h,取出再双面击实25次,常温1天脱模。

(二)乳化沥青用量的确定

用于拌制冷拌沥青混合料的乳化沥青,一般是采用有机溶剂将基质沥青稀释而得到的。基质沥青的质量在稀释前后及有机溶剂挥发后是不会发生变化的,有机溶剂只是改变了基质沥青的性能,并没有改变其质量。因此,用于确定热拌沥青混合料最佳沥青用量的方法,对冷拌沥青混合料同样适用。

二、冷拌沥青混合料的性能

(一)冷拌沥青混合料抗水损害性能

抗水损害性能是冷拌沥青混合料的"弱项"。由于冷拌沥青混合料的胶结料黏度较小,对抵抗水分的置换能力本身就不强,而混合料在路面压实后,存在一定的孔隙率,在有机溶剂和水挥发后,又会产生空隙,虽然可以通过再次压实减轻挥发的影响,但水分还是会很容易进入,而且沥青与集料的黏附性较差,再加上交通荷载的反复冲击作用,尤其是在春秋两季,很容易产生水损害。冷拌沥青混合料的水稳定性通过冻融劈裂试验进行检验。值得一提的是,冷拌沥青混合料冻融劈裂试件的制备,跟前面马歇尔试验试件的制备一样,这部分试件也是经过二次成型的。具体操作是常温拌和1h后装模,双面各击实25次,放入110℃烘箱中24h后取出,再双面各击实25次,常温1天脱模,后续过程与热拌沥青混合料冻融劈裂试件的步骤一致。

（二）冷拌沥青混合料高温性能

冷拌沥青混合料在铺筑之后，随着有机溶剂和水的挥发，沥青黏度的增大，混合料的强度是不断增大的。为了保证沥青路面在高温季节行车荷载反复作用下，不致产生诸如波浪、推移、车辙等病害，冷拌沥青混合料应具有足够的强度。检测沥青路面高温稳定性的方法有单轴蠕变试验、三轴蠕变试验、车辙试验等。这里着重介绍车辙试验。车辙试验试件亦是经过二次碾压成型制备的，具体做法：常温拌和 1 h 后装模碾压若干遍，后放入 110 ℃烘箱中 24 h 后取出，再次换方向碾压若干遍，常温 1 天脱模。每次碾压的次数以成型的试件孔隙率指标与马氏试验的试件孔隙率相接近为准。

（三）冷拌沥青混合料低温性能

检验冷拌沥青混合料的低温性能主要是考虑在冬季的低温天气，修补材料易变脆、变硬，为防止其产生温度裂缝，坑槽中的修补材料应具有良好的低温抗裂性。另外，为了与热拌沥青混合料相比较，采用小梁低温弯曲试验对冷拌沥青混合料的低温性能进行检测。低温弯曲试验所用试件为上述车辙试验试件切割成规定尺寸的小梁。通过室内试验对比分析，对冷拌沥青混合料设计方法、低温性能进行了研究。研究表明，冷拌沥青混合料具有较好的水稳定性、高温稳定性及低温抗裂性能。

三、冷拌沥青混合料路面施工流程

冷拌沥青混合料适用于三级及三级以下的公路的沥青面层、二级公路的罩面层施工，以及各级公路沥青路面的基层、连接层或整平层施工。

（一）拌和混合料

冷拌沥青混合料宜采用拌和厂机械拌和及沥青摊铺机摊铺的方式。当缺乏厂拌条件时，可以采用现场路拌及人工摊铺的方式。混合料的拌和时间应通过试拌确定，矿料中加进乳液后的机械拌和时间不宜超过 30 s，人工拌和时间不宜超过 60 s。

（二）混合料摊铺及压实

已拌好的混合料应立即运至现场进行摊铺，并在乳液破乳前结束。在拌和与摊铺过程中，已破乳的混合料应不予使用。乳化沥青冷拌混合料摊铺后，宜采用 6 t 左右的轻型压路机初压 1~2 遍，使混合料初步稳定，再用轮胎压路机或钢筒式压路机碾压 1~2 遍。当乳化沥青开始破乳、混合料由褐色转变成黑色时，改用 12~15 t 轮胎压路机碾压，将水分挤出，复压 2~3 遍后停止，待晾晒一段时间，水分基本蒸发后继续复压至密实为止。当压实过程中有推移现象时应停止碾压，待沥青稳定后再碾压。当天不能完全压实时，可以在较高温度状态下补充碾压。当缺乏轮胎压路机时，也可以采用钢筒式压路机或较轻的振动压路机进行碾压。

（三）养护

乳化沥青混合料路面施工结束后封闭交通 2~6 h，并注意做好早期养护。开放交通初期，应设专人指挥，车速不得超过 20 km/h，不得刹车或掉头。冷拌沥青混合料施工遇雨时，应立即停止铺筑，以防雨水将乳液冲走。

第三节　沥青贯入式路面施工

沥青路面主要由沥青结合料和其他集料组成，工艺简单，便于维修，施工速度快，且路面的平整度、舒适性和耐磨性能都比一般路面强，在现代公路建设中备受青睐。按照施工方法和使用特点，通常将沥青路面分为沥青贯入式路面、表面处治路面、厂拌沥青碎石路面等，其中贯入式路面具有诸多优势，常作为沥青砼路面的联结层，在支路和次干道修建中颇为适用，如何保证其质量是当前需要考虑的重点问题。

一、沥青贯入式路面及其施工流程

贯入式路面指的是在碎石压实之后，用沥青或嵌缝料分层浇洒，再次压实后最终形成的路面。因为主层集料铺设在前，沥青浇洒在后，所以称为贯入式路面。沥青贯入式路面对材料规格有着严格限制，集料以具有良好嵌挤性的坚硬石料为佳，且最好有棱角，粒径不能与贯入厚度有太大差距。灌入的沥青混合料有很多，应该根据具体情况进行选择。为保证工程质量，需做好充分准备，材料设备质量、施工技术等都应符合要求。

施工时往往要经历三次浇洒、四次碾压，大致流程如下：准备工作完成后进行放样并清理基层，如有必要，需适量喷洒透层油和黏层油；然后，铺设主层集料并开始第一次碾压，接着进行第一次沥青浇洒或嵌缝料撒布以及第二次碾压；压实后，进行第二次沥青浇洒或嵌缝料撒布并进行第三次碾压；完成第三次沥青浇洒工作后，做最后一次碾压；符合标准之后，还需加以养护。

二、沥青贯入式路面工程施工技术分析

（一）准备阶段

在准备阶段，材料质量和设备性能是需要重点考虑的两个问题。材料指的是沥青混合料和集料矿料。作为基础材料之一，沥青的作用不容忽视，出厂前对沥青进行严格质检，确保其密度、韧性、黏度、针入度、蜡含量等均符合规定标准。产品日期、型号、规格、质检报告单等资料应准备齐全。若发现有不合格者，应及时予以处理。进入现场后还应合理放置，按照类型或其他标准分别贮存，做好标记，避免混乱。通常要搭棚放置，以免被雨水淋湿，矿料同样要保证质量合格，尺寸、级配、磨光值、清洁度等均要符合标准，且要合理堆放。

准备阶段应对各项设备进行质量检查，保证油泵系统、液压调整系统、振动器、摊铺器等重要部件没有故障。拌和设备各元件要牢固相连，且搅拌器内没有杂物。运输车辆、摊铺机和压路机也要保持良好的性能。

（二）施工流程

首先，在正式施工前通常会有一个试验阶段，以观察铺筑效果及找出存在的问题。可以先铺筑 300 m 长的试验路段，综合施工图纸、机械性能、管理制度等多项因素加以考虑，逐步完成试验路段的铺设工作。同时，做好相关记录并接受质检部门的检查，得到允许后方可开始大面积施工。根据试验结果，对其中存在的风险进行预测和分析。

其次，是正式施工，先清扫基层，确保基层整洁干净，若存在凹凸不平的状况，应予以处理。对关键的控制点和控制线进行测量放样后，可浇洒透层沥青。可以选用乳化沥青，以增强基层各材料间的黏度，使其充分结合，而后浇洒透层油，待表面干燥后，使用洒布车浇洒石油沥青。需要注意的是，沥青浇洒时的温度应保持在 15 ℃以上，且要保证其均匀性。沥青不得出现流淌或形成油膜等情况，且浇洒后不得踩踏或通车。

再次，是铺筑主层集料，松铺厚度应符合要求。可以选择使用质量为 8 t 的压路机进行第一次碾压，以 2.5 km/h 的速度从边缘向中心移动。若有压实度不能满足要求的地方，应增加碾压遍数直至基层稳定，且没有明显的碾压痕迹。继而，第一次浇洒沥青，乳化沥青通常需要在适宜的温度环境中进行浇洒，并且要先铺设一层嵌缝料。如果温度过低，可适当加热乳化沥青。接着是第二次碾压，通常来回 5 次或 6 次，直至嵌缝料能够均匀嵌入。夏季施工温度较高，若遇到沥青蠕动现象，应暂停碾压。碾压后，进行第二次的沥青浇洒，接着是第三次碾压和沥青浇洒，然后是最后一次碾压，质量合格后就可以通车。

最后，是封层施工和养护工作，在第二次碾压之后就可以开始进行上封层，主要是为了防止基层表面存在空隙，有水分或其他杂物进入。

（三）施工要求

首先，是贯入式路面施工要求，如需在干燥季节进行施工，温度不能过高；要保持良好的施工秩序，加强各环节及各部门间的联系；在基层上浇洒沥青时，基层要保持干燥，所以，在施工中还应了解天气情况；及时遮盖周围的人行道和其他一些设施，以防止对其造成污染。

其次，是对稀浆封层的要求，温度同样要适宜，通常要使用专业的稀浆层铺装机进行施工，材料用完后，应立即停止铺筑工作，再次装料后方可继续施工。

三、沥青贯入式路面施工质量控制

（一）裂缝防治

早期反射裂缝主要是因为基层开裂或路基不均匀沉降引起的。半刚性基层的施工作业面大且备料数量大，若材料质量不合格或养护不合理，基层很容易出现干缩或温缩型裂缝。半填半挖路基的填挖结合部位因所修台阶未挖至坚硬土层或碾压不到边，路基完工后往往形成斜状的沉降滑移带，而新填土部分的沉降量比原状土要大，经历自然沉降期后易形成路床裂缝。

裂缝对路面的危害极大，必须加以有效控制。首先，配备沥青混合料时，适当增加沥青用量，减少混合料的空隙率，可延缓裂缝的扩展，增加沥青路面的使用寿命。增加碾压次数，不仅可以使沥青混合料达到较高的密实度，也有利于减少反射裂缝。其次，地质较差的路堑地段应会同设计师、业主、监理单位共同到现场察看，视具体情况进行换填或加固处理，并在路基验收时重点加强对路堑地段的弯沉检测。

（二）离析防治

首先，若沥青搅拌机中振动筛局部发生破裂，会使混合料超过规格的大料径集料，需经常检查，必要时更换振动筛。严格控制搅拌时间，观察混合料中是否有明显的大集料与小集料聚集的现象。

其次，储料筒向运输车装料时，由于重力及高度的原因，大集料滚落在两边，容易使集料聚集。为改变这种状况，应分别向运输车的前、中、后三处堆装，这样在向自卸车卸料时，大集料和小集料可以再次混合。

最后，运输过程中，料堆表面与空气接触，温度下降较快，而料堆中心温度下降较慢，会形成温度离析。所以，在为搅拌场地选址时，要尽量使搅拌场地与摊铺现场距离不要太远。

（三）安全防范

设备的安装与拆卸要有防护措施；电气设备和线路绝缘良好；发电机组基座要牢固，有接地保护并有消防设备；设备安装完毕后，待检查符合安全生产要求后方可作业；所有人员必须严格按照规定标准进行操作；高温或者有毒施工中均要做好安全防范工作；雷电、大风天气不宜开工；若是夜里施工，应保证有足够的照明；压路机作业时，必须在其前后、左右无障碍物和人员时才能启动，靠近路堤边缘时，根据路堤高度留有必要的安全距离；两台以上的压路机同时作业时，前后间距不得小于 3 m；整个施工过程中应配备常用药品，制定应急方案；同时，还要文明施工，重视防洪防爆等工作。

综上所述，沥青贯入式路面受到诸多因素的影响，常会出现各种问题，影响最终质量，这就要求针对出现的问题和潜在的风险，仔细分析原因并采取相应的解决措施。

第四节　透层、黏层、封层的作用和施工要点

目前，沥青混凝土路面在我国公路建设中被广泛使用。为达到更高的质量标准，在路基、路面及其结构组成方面进行了许多优化和改进。为了提高路面的承载力、耐久性和抗水毁能力，施工人员对沥青混凝土路面各层间的处理也越来越重视。透层、黏层、封层各有其作用，不能混淆。下面简单介绍各处理层的作用及施工要点。

一、透层

（一）透层的作用

透层是适用于无机结合料基层表面的有机结合料渗透层，用于一般路段的下面层与基层之间的层间处理。透层的作用如下：①透入基层表面孔隙，增强基层和面层间的黏结；②有助于结合基层表面集料中的细料；③在完成基层的铺装后，适时洒布透层油还可以减少基层的养护费用，提高质量；④经过透层油渗透成型以后的基层，表面的开口孔隙被填充，从而形成一个渗透深度上的防水层；⑤在由于某种原因推迟铺筑面层的情况下，透层可为基层提供临时性防护，防止降雨和临时行车对其造成损害。

（二）透层的施工要点

1.沥青和煤油的配合比选用

选用煤油稀释 90 号沥青作为透层材料，有关技术指标应符合国家标准要求。煤油用量越大，渗透效果越好，但是沥青含量低，就满足不了透层对基层稳定、联结、防水的要求，所以，合格的产品必须同时符合渗透和黏度要求。在生产煤油稀释沥青时，黏度要不小于规范要求的最小值，经过反复试配，结合洒布效果，确定沥青和煤油的配合比为 58∶42（重量比）。

2.煤油稀释沥青的生产

由于煤油极易溶解沥青，以往经验是根据配合比将沥青加入煤油中人工进行搅拌，但是这样煤油与沥青不能充分融合，容易分离。基于这种情况，可以制作煤油稀释沥青搅拌罐，为了防止沥青温度过高造成煤油挥发，应将沥青温度加热至 120 ℃，沥青与煤油用量通过流量计控制。按配合比加入沥青和煤油后，在搅拌罐中搅拌 30 min 后将成品打入沥青洒布车。为了防止煤油与沥青分离，当天生产的成品液体沥青最好当天用完。

3.煤油稀释沥青的洒布

洒布前,要对基层进行一次彻底的清扫,将基层表面的杂物、浮尘清除干净,如有泥土,则采用水车冲洗。如果水泥碎石基层表面粗糙,扫帚清扫不彻底,则应采用风力灭火器将其吹净。基层清扫完成后,经验收合格,用洒水车向基层洒适量的水,以便煤油稀释沥青更好地渗入基层。煤油稀释沥青洒布采用智能沥青洒布车作业,车中的微电脑能够准确地控制煤油稀释沥青的洒布量。沥青洒布车以 8 km/h 的速度匀速行驶,洒布作业前将数值输入电脑,洒布作业时,电脑即可自动控制。对于加宽路面、桥头等机械施工不便的部位,可以用该车配备的手动喷洒枪进行喷洒,洒布桥面前用油毡将护栏等部位覆盖,防止对其造成污染。

二、黏层

(一)黏层的作用

黏层的作用在于使各层之间、面层与构造物之间黏结成一个整体。黏层主要起胶结作用,对材料的要求主要体现在黏结强度和抗剪强度方面。黏层材料通常采用乳化沥青或改性乳化沥青,改性乳化沥青较乳化沥青在强度方面有较大改善。慢裂乳化沥青洒布后会向四周流淌,因此,一般采用快裂型的改性乳化沥青。

(二)黏层的施工要点

1.材料的性能

黏层所用材料为 SBR 改性乳化沥青,属于喷洒型阳离子中(快)裂乳化沥青,有关技术指标符合道路用乳化沥青技术要求。对 SBR 改性乳化沥青进行搅拌,如果搅拌后的乳化沥青均匀一致,则可以继续使用。

2.黏层油的洒布

黏层油的洒布强调"薄"和"遍"。对于桥涵、通道面上的浮浆、灰浆要用钢丝刷刷净,并用大功率吹风机将浮尘吹出桥面。采用智能洒布车进行作业,车中的微电脑能够准确地控制改性乳化沥青洒布量。根据路面的污染程度,洒布量控制在 0.3～0.4 kg/m,洒布车以 8～10 km/h 的速度保持匀速行驶,在沥青洒布车喷洒不到的地方采用手工喷洒。喷洒的黏层油必须呈均匀雾状,在路面全宽度内均匀分布成一薄层,不得出现漏空或呈条状。喷洒不足的地方要补洒,喷洒过量的地方要刮除。

三、封层

(一)封层的作用

封层分为上封层和下封层。上封层铺设在沥青混凝土面层上面,起封闭水分及抵抗车轮磨耗的作用;下封层铺设在基层和面层之间,在基层和面层之间形成一道抵御水害的防护层。为了更好地封闭水分、防止洒布后上封层受到污染,可以采用上封层下移的方法,即在沥青混凝土中面层之上铺设上封层(防水层)。

(二)封层的施工要点

1.防水层

所用的 SBS 改性沥青及单粒径碎石的质量很重要,直接影响上封层的效果和沥青混凝土面层的使用寿命。防水层所用的石灰岩石料规格要求在 10～15 mm,石料干净、无杂质。除满足上述质量要求外,撒布前要对石料进行除尘处理,经过振动筛将 10 mm 以下的石料及石屑筛除并除去石料本身裹覆的石粉,确保石料能良好地黏附在沥青表面。

2.清扫下承层

洒布改性沥青前,人工对下承层进行一次彻底的清扫,将下承层上的杂物、浮尘清除干净,如有泥土,用水车冲洗。对于因附属工程施工留下的砂浆、灰浆及泥土块,要用钢丝刷刷干净并用吹风机将浮尘吹出路面。

3.SBS 热沥青的洒布

改性沥青洒布采用智能洒布车进行作业,由车中的微电脑准确地控制洒布量及每个喷嘴的洒布情况。改性沥青加热温度控制在 180～190 ℃,确保洒布温度不低于 180 ℃。洒布改性沥青时,智能洒布车保持在一档匀速行驶,时速控制在 4 km/h,确保洒布均匀并与粒料撒布机行走速度相匹配。两次洒布结合部位既要保证不漏洒也要保证不重叠。喷洒起步和接头的部位时,洒布车要回退 20～30 m,等洒布车车速均匀后再打开喷嘴,接头部位要覆盖油毡。

4.撒布石料

2 台撒布机并行作业,人工跟随撒布机,将撒布不均匀或成堆的石料及时扫匀。石料覆盖率控制在 60%～70%,不能出现重叠或漏洒现象。

5.碾压

压路机碾压要及时,紧随撒布机作业,碾压速度不宜过快,以保证石料均匀镶嵌到沥青中。

总之,为了使沥青混凝土路面多层组合体系具有良好的结构承载力和耐久性以及抗水毁能力,必须重视各处理层的施工要点,严格按照规范施工,保证施工质量。

第八章 公路工程施工安全管理

第一节 公路工程施工安全管理基础知识

一、公路工程施工安全管理的概念

公路工程施工安全管理指的是在公路建设工程中,生产管理机构要以安全法律法规为依据,通过计划和组织以及协调和控制一系列活动,预防施工过程中的事故,从而构建良好的安全管理体系。公路工程安全管理贯穿施工始终,主要管理项目中的人、物以及环境,确保工作人员的安全与健康得到充分保障。针对施工单位,要加大监督安全管理的力度,对安全责任者的职责予以明确,同时,制定安全预案与相关规划,签署安全责任书,提高安全管理的效率。

二、公路施工安全管理的基本要求

（一）管生产必须同时管安全

安全问题是生产建设单位以及与生产建设单位直接相关的其他部门顺利进行各项工作的前提和保障。此外,这些机构要以国家有关安全生产的理念为依据,全方位地承担安全生产的相关责任。管生产与管安全两项工作要同时进行,安全工作也是各种生产活动的一部分,两者相辅相成。遵循安全生产管理原则,就是要认真贯彻执行国家安全生产的法规、政策和标准。制定本企业、本部门的各种安全生产责任制,安全卫生技术规范和组织措施的制定、审查和执行,各工作岗位的安全操作规程等。设立安全生产组织管理机构,配齐专门工作人员。

(二)明确公路施工安全管理的目标

公路施工安全管理的基本目标:保障工程施工的安全,不发生伤亡事故;保障无火灾与不发生交通事故;使施工设备设施的安全得到保障;保护环境,保持现场的整洁等。

公路施工安全管理的最终目标:保障劳动者的身心健康,且保障其安全,对参与施工的人员进行管理,加强对人的不安全行为和设备的不安全状态的及时管理,有效避免或减少安全生产事故的发生。保障实现安全管理的目标是安全工作的第一要务。

(三)坚持"安全第一""预防为主""综合治理"

1."安全第一"是重要原则

"安全第一"突出了安全问题在公路施工中的重要地位。对建设工程来说,安全具有至高无上的地位,这是落实社会主义核心价值观、构建和谐社会必然遵循的原则。工程建设者(涵盖管理者与一线员工和工程建设监督管理人员)必须树立安全意识,在安全与经济利益之间不能舍本逐末。在安全与生产相矛盾时,应该把安全问题放在首位。为了保障生产活动的顺利进行,要以安全为前提,推动经济的发展,构建和谐、稳定的社会。

为了防止意外事故和人身伤害的发生,我们应使建筑生产活动符合安全生产的要求,采取合理的施工工序保障生产活动的稳步推进,从而提高施工人员的工作效率,进而提高企业的生产水平。进行安全管理不等于事故处理。安全管理的科学性正是以施工生产的特征与影响性因素为依据,采取合理、有效的管理手段与技术,对不安全因素予以预防与规避,将安全隐患扼杀在摇篮中,使生产活动的顺利进行得到充分保障,同时要保障员工的安全与健康。

2."预防为主"是主要途径

"预防为主"意味着构建渐进式的立体型预防事故机制体系,对于安全事故要提前预防、预教、预测、预想、预报、预警。新时期赋予了"预防为主"新的含义,也就是说,完善安全机制,提高有关安全的技术水准,对安全责任制予以贯彻与落实,围绕安全管理这个核心加大资源投入力度。其主要内容包括以下方面:第一,加强安全文化和社会文化建设,增强两者的互动,从而预防安全事故;第二,完善安全生产许可制度、隐患排查、治理监督等相关法律与规章制度,以法制力量为依托,做好安全事故的预防与规避工作;第三,贯彻"科教兴安"战略,以科技进步为依托,优化安全生产环境且提高劳动者的综合素质;第四,完善安全生产监督管理体制,根据各企业不同的生产情况,制定适合本企业的安全管理制度,提高安全生产的水平。

3."综合治理"是重要通道

各个生产部门要自觉遵守安全管理的相关规则,意识到安全管理工作是一项长期而复杂的工作,意识到在安全管理的过程中所存在的主要矛盾与冲突,综合性地采取经济手段,有效运用行政手段,结合人治与法治,共同防范不安全因素。而在生产领域内,要采取行之有效的措施解决有关安全管理的问题并与国家安全生产的要求相适应,且保障公路工程施工的安全性与稳定性以及可靠性。所以,将综合治理作为贯彻安全生产方针的基础,使其成为安全工作的重中之重。

将安全生产方针作为统一的整体,意味着把安全放在首位,发挥预防的主体性作用,加大综合治理的力度,要将三者紧密结合。"安全第一"是安全生产方针的理念和核心,如果缺失这个理念,就谈不上预防与治理了,这样就会使预防失去理念的支持、使治理失去整改的依据。"预防为主"是践行"安全第一"理念的有效途径,要将健全事故防范体系作为安全生产管理的重点,做好防范工作,从而降低事故发生的概率。"综合治理"作为贯彻落实前两者的方法,要完善相关制度,贯彻落实有关安全管理的政策。

(四)坚持动态管理

公路施工安全管理涉及路基、路面、桥梁、隧道等方面。公路施工安全管理贯穿各项施工活动的全过程,所以,施工生产活动要坚持动态式安全管理,即全方位地管理好施工全过程与全员在全时段中的行为,不能将安全管理局限在少数专职员工与项目安全管理机构方面,而应该让所有参与生产的工作人员共同参与。

三、公路施工安全管理模式

(一)公路施工安全管理模式的主要内容

公路施工安全管理的主要内容是避免各种因素对施工安全产生影响,保障施工者的安全与健康,保障公路施工建设的顺利进行和稳步推进。影响公路施工安全的因素较多,因此,要优化安全管理模式,杜绝安全隐患,如发生安全问题要予以及时、有效地解决。优化安全管理模式的主要途径:健全其组织系统,完善其相关机制,使日常施工安全得到保障,构建事故发生的应急救援系统且加以有效地控制,做到防患于未然。构建安全管理模式之后,参与组织体系者要明确自身需承担的责任和应履行的义务,树立安全意识且增强责任感,并与安全责任制度相匹配,健全安全管理体系,使公路施工整体的安全得到充分保障。

(二)公路施工安全管理模式的构建策略

1.保障日常施工安全的手段

保障日常施工安全要落实安全责任制和完善日常安全管理制度。制度可以为执行提供保障支撑。保障日常施工安全要着重从以下几个方面着手:第一,完善安全责任制。健全奖罚机制与激励机制,贯彻相关的生产责任制且加以落实,在事故发生的时候,相关责任人要能够承担相应的责任,无安全事故时,要做好督促与激励工作。第二,完善检查制度。在施工的阶段,不定期对工程施工的总体情况予以检查。妥善安排检查人员,使其在施工阶段做好检查工作,及时排除安全隐患,核准相关经费,严格把握安全生产环节,及时消除安全隐患。对于现场施工,采取必要的防护手段来保障员工的安全、保障设备的正常使用。对于技术安全交底同样要加强管理,保障各施工工序严格按照施工规范进行,在遇到特殊情况时要及时调整施工规范并通知现场施工员,保障施工技术的安全性与可靠性。第三,贯彻落实安全生产方面的宣传机制。采取多元化的宣传方式且将其有效运用,有机结合安全知识,加大教育培训的力度,使施工现场员工增强安全意识。

2.在施工的过程中完善预控机制

对于日常的安全管理工作,要构建并完善有关施工安全的预防控制管理制度,从而降低公路施工过程中发生安全事故的概率,有效诊断、预测以及监测安全隐患。假如发现存在潜在风险,要及时采取预控等手段,有效预防且控制事故的发生。委派专业人员建立预防控制管理小组,施工者要予以全力地配合,找出公路施工过程中存在的潜在风险。具体来说,可从以下几个方面着手:第一,客观地评价与有效地监测环境因素,就自然与社会因素来说,要进行有效掌控,辨别不利因素并且采取相关的预防控制手段;第二,对机械设备的安全予以监测,监控特种机械以保障其安全,提高技术水平,保障操作的安全性;第三,监控施工人员贯彻执行的情形,充分保障施工过程的安全性与可靠性,降低事故发生概率。

3.构建安全事故应急救援系统

在施工过程中为保障施工安全,要构建有关安全事故应急救援系统。针对已发生的事故妥善处置,把损失降到最低,同时,预防二次伤害的发生。具体来说,可从以下几个方面着手:第一,针对存在较大安全隐患的施工段,组建应急救援组织,以便事故发生后紧急救助;第二,针对应急救援小组的成员,加大培训与教育的力度,使成员增强安全保障的意识,储备有关应急救援的知识,各成员要能够熟练运用应急救援的器械,并且做好各救援设备的检查与维护工作,对存在问题的设备要及时更换;第三,优化、完善以及改进应急处理流程,发生事故之后,专业化的救援小组应立刻奔赴现场,避免事故受伤人员遭受二次伤害,及时制定救援预案,根据预案开展救援活动。

第二节　公路施工安全管理存在的问题及应对措施

一、公路工程施工安全管理存在的问题

就公路工程项目的地区分布而言，公路工程的施工地区为崇山峻岭，环境复杂，桥梁、隧道工程所占比例较大，高墩大跨结构较多，地质情形极其复杂，工作条件艰苦而恶劣。随着路网密度不断加大，立体跨线工程越来越多，工作人员要在不中断交通的基础上施工，将引发质量安全风险的叠加效应，所以，要予以高度重视。

从公路工程项目管理的角度出发，建设规模和资源配置不均衡问题严重，依然存在制约安全管理水平提高的客观性因素。在公路工程施工管理的过程中，相关人员缺乏技术方面的储备，使施工管理不到位，分包、转包现象屡见不鲜，从业团队的素质有待提升。在实施工程项目的过程中，将面对自然与社会环境以及工程管理方面的严峻挑战，新旧问题引发了矛盾与冲突，从而增加了安全管理的风险。我国公路工程安全管理存在的问题主要有以下几点：

（一）安全意识淡薄

在公路施工安全管理中，最突出的问题就是对安全的认识不够全面，不把安全当成一回事，存在侥幸心理，即安全意识淡薄。安全意识淡薄问题主要体现在工作人员身上，表现为他们往往不把安全的观念落在实处，而是随意处理问题，安全规范操作不到位，既不对自己的工作负责，也不为他人的生命安全考虑。另外，相关领导对安全问题不够重视，只想一味地缩减工期、压缩经费，没有将工作人员的安全放在第一位。

（二）项目承包行为不规范

随着现代科学技术的不断发展，经济水平的不断提高，我国开始重视公路工程建设。

许多民营企业或个体看到了眼前的商机，认为承包工程有很大利润，使得现在承包工程项目的公司越来越多，导致竞争变得十分激烈。各大公司为了中标使出浑身解数，往往不从项目上入手，导致项目被层层转包，在施工时使用的材料质量较差，人为干扰了我国公路工程建设，使得其质量得不到保证。虽然现在的公路工程建设已经形成了一体化承包的特点，但是仍然存在一些问题。

（三）安全管理制度不健全

现在，大部分企业已经逐渐意识到安全管理制度的重要性，纷纷建立与企业自身相匹配的安全管理体制。企业虽然意识到安全管理制度的重要性，但没有根据自身特点建立与自身相符的制度，只是引进其他类似企业的安全管理制度，然后模仿。导致安全管理制度只是存在于表面，并没有被真正用到具体的施工过程中。此外，公路工程项目所处地区较偏僻，许多部门虽然对项目进行了安全检查，但是并没有达到实际的效果。

（四）安全设施不完善

在公路工程建设中，要提高安全管理的水平，应充分重视安全设施的建设。针对具体的安全设施，要采取相应的措施，保证其发挥作用。对于公路路面施工的安全管理，要以安全设备为基础，充分提高公路的施工质量。一些施工企业在缺乏资金的情况下，为谋取眼前的利益与降低工程造价，没有配备完善的安全设施，导致施工过程存在很大的安全风险。

二、公路工程施工安全管理问题的诱因

（一）自然环境的影响

自然环境主要包括自然灾害、季节因素、气候因素、时间因素、水文地质条件等。由于公路工程施工的整个过程都是在野外进行的，所以公路工程施工的安全性必然受到

自然环境的影响,如风、雨、雪等,这些自然因素都会影响施工条件,降低施工过程的安全系数;雨季施工降水较多,会增加引发泥石流、塌方、落石的可能性;冬季施工机械设备冻结也会对公路工程施工进程产生很大影响。上述自然环境因素都会危及公路施工安全,引发安全事故。

自然环境对公路施工最重要的影响是地质条件。我国多变的自然环境和复杂的地质构造,是影响公路施工比较突出的问题。特别是随着公路建设的重点正向西部地区不断延伸,在施工过程中遇到崩塌、滑坡、泥石流、岩溶、地面塌陷、有害气体等不良地质现象和软土、膨胀土岩、岩盐等特殊岩土问题的可能性越来越大,这也使发生公路工程施工安全事故的可能性越来越大。

(二)人为因素的影响

人为因素指的是以事故的发生为基础,当事人存在相关的不安全行为,即人本身的失误,人为地违反施工系统设计和操作规程,造成公路工程建设出现问题。具体来说,主要表现在以下几个方面:第一,施工机构对安全事故问题未予以高度重视,安全管理层奉行形式主义,导致企业不能充分地贯彻执行安全管理机制,因此,施工人员需要增强安全生产的意识。第二,施工管理者与技术人员的素质有待提高。在施工过程中,管理人员未落实安全管理措施,存在侥幸心理。一些施工者缺乏责任心且态度不端正,从而导致安全事故发生。

(三)施工管理的影响

人的不安全行为与物的不安全态势是安全事故发生的表层原因。发生安全事故的根本原因是施工企业在安全管理方面存在不足之处,要采取有效的安全管理手段,将人与物以及环境因素对事故发生的影响程度缩减或予以剔除。

导致事故频发的管理性因素包括:一些施工单位缺乏完善的管理机制,在施工过程中存在诸多不足之处;领导层安全意识薄弱,未制定具有可行性的预案以及未健全应急系统;施工组织不健全、操作规程不规范、安全措施不匹配,相关单位也未加大投入与培训的力度，没有全面排除安全隐患；部分施工单位的安全管理方法不灵活，在事故发生时不能有效解决问题。

在公路施工的过程中，由于施工者粗心大意且未恰当地操作机械，或外界的环境突然发生变化，未实施有效的管理制度等，这些影响施工安全的因素并非孤立存在的，而是相互影响、相互作用，导致安全事故发生。

（四）外部社会环境的影响

外部社会环境主要包括政治、经济、技术、法律及社会风气等，这些因素如果处理不当，都会对公路施工安全工作产生负面影响。公路施工不是一朝一夕可以完成的，安全生产必然受到外部环境的影响。

在公路施工的过程中，施工单位将与其周边的环境产生相应的联系。施工经验表明，沿线居民承包的附属工程与盗窃公路施工设备的行为将导致安全事故发生，使公路工程的施工受到相应的影响。

三、公路工程施工安全管理措施

（一）公路施工开始前的安全管理措施

1.强化安全生产意识

安全生产是各生产企业不得不考虑的问题，但是又往往被忽略或者不被重视。为避免发生安全事故，企业在施工之前要针对施工者做好安全教育工作，增强施工者的安全意识。施工机构的领导要高度重视施工安全，广泛开展安全培训活动，使安全生产不流于形式。

2.确定安全管理方案

在公路工程施工之前，施工机构要细致地分析周边的施工环境，对可能造成安全事故的因素提前做好预防工作，确定工程施工安全管理方案的每个细节，从而制定出优化的安全管理方案。制定安全管理方案时，施工机构要组织相关的人员召开会议，探讨安全管理规划的影响因素。然后,组织各个施工现场的管理者和操作工人学习、了解安全管理的相关规划,特别是施工现场的安全员,要充分熟悉安全管理的每项要求和内容。施工机构要规范施工者的行为,向施工者传达安全管理的精神,避免安全事故发生。

3.及时发布相关信息

一些公路工程是对既有公路的扩建,因此,要对公路施工段的具体情况予以及时地公布,缓解施工段交通压力,避免造成来往车辆出现拥堵和交通安全事故的发生。在发布公路施工安全信息方面,施工单位可以通过多种途径进行发布,具体发布时间可以在施工单位开工前几天。以电视、网络、新闻媒体等为媒介,向社会公布道路通行情况与施工信息,使通行的车辆做好相应准备,警示车辆在行驶的过程中注意施工路面情形,要做到安全出行。通过提醒相应的车辆绕行,能有效规避车辆拥堵状况,缓解施工路段基于安全层面的压力。

(二)公路施工过程中的安全管理措施

对于施工现场,为降低事故发生的概率,要加强管理,对现场予以有效地监管,从而保障人员安全。在道路的改建和扩建中,除要做好施工方案中明确规定的安全管理工作以外,还要基于施工现场划分施工区域,这样可以帮助安全管理者明确安全管理工作的重心。可将施工区域划分为几个区域,且在各区域设置相应的安全标志,最大限度地保障道路使用者与施工者的安全。

具体来说,可以设置以下区域:①警告区:旨在告知通过此路段者前方的道路正在施工,警告区不宜太小,否则将导致通过者由于未注意便驶入施工区域。一般情况下,要在醒目的地方设置警示牌,从而使过往车辆关注到。②上游过渡区:旨在对来往的车辆进行疏导,引导车辆及时变道或改变行驶路线。③作业区:即施工区,堆放诸多施工物资,且停靠施工车辆。在作业区,要整齐地堆放施工物资,不可占用供车辆行驶的道路,机械要遵循标准涂上橘黄色。作业区内为工程车辆提供进出口车道,在作业区与正常通行区之间要设置隔离性装置。④下游过渡区:允许车辆变换车道或改变行驶路径。

（三）公路施工现场的安全管理工作

如今，施工现场的安全管理似乎到达一个瓶颈期。通过上文的分析可以看出，导致施工现场安全事故发生的主要原因，即人的不安全行为和物的不安全状态。而这两种不安全因素存在的原因归根结底都离不开人的不安全心理和执行力度较差。安全问题没有引起现场安全管理者和一线操作工人的重视，才会导致类似的安全事故屡见不鲜。所以，项目负责人要加大对安全教育的投入，定期组织安全员和一线操作工人学习安全知识，了解事故出现的原因，并且学习如何在施工中避免这些事故出现。另外，要加大监管力度，项目负责人要制定一套安全事故奖惩办法，对导致安全事故行为的当事人绝不姑息，同时，也可以让他人引以为戒。

第三节　公路工程施工安全管理体系构建

一、公路工程施工安全管理体系构建的原则和目标

（一）公路工程施工安全管理体系构建的原则

1. 以人为本原则

公路工程安全管理体系的构建应遵循以人为本的原则。公路工程安全管理主要是围绕人的生命安全与财产安全进行的，只有把以人为本作为安全管理的重要理念，才能真正减少安全事故的发生。保障项目施工安全人人有责，只有每个员工都投身于项目施工安全管理制度的落实中，才能更好地降低施工现场事故发生的概率。因此，我们应号召所有项目相关人员共同参与到项目安全管理工作中，让员工从被动地执行安全管理制度

转化为员工自觉遵守安全管理制度,并将安全管理体系落实到位。另外,企业领导的安全意识对项目的顺利进行也非常重要,因为只有领导对项目安全生产足够重视,才能确保有足够的资金、人员投入来保证安全管理的落实。因此,我们应坚持以人为本的安全管理理念,让所有项目的参与者都主动落实其应有的责任,只有这样,才能有效地控制施工现场的安全状况,从而保证施工现场"零"事故。

2.法治化原则

公路工程安全管理体系的构建应遵循法治化原则。一切安全管理体系的构建都是在相关法律法规的基础上建立的。因此,我们要注意以下几点:①及时关注我国发布的相关法律法规;②相关建设行业指定的规范标准;③公路工程所在地区的相关法律法规以及规范标准;④业主以及与之相关的质量监督部门对项目质量的要求等。

3.全员参与原则

公路工程安全管理体系的构建应遵循全员参与原则。在公路工程施工中,任何一个人、任何一个环节的失误都会对现场安全产生影响。人作为项目施工的主体,在施工过程中具有不同的安全责任。俗话说,人多力量大,只要项目相关人员都意识到安全管理的重要性,并且都参与进来,正确执行相关安全管理制度,听取管理人员的指挥,减少事故的发生。

4.全方位原则

公路工程安全管理体系的构建应遵循全方位原则。公路工程的全寿命周期涉及多个参建单位,每个项目相关方的工作都会对项目施工过程中的安全管理产生影响。因此,需要构建一个完善的安全管理体系,激发公路工程施工中每个人员的主动性,使他们积极参与安全管理活动,主动履行各自的职责,相互协作,保障公路建设工程顺利实施。

5.全过程原则

公路工程安全管理体系的构建应遵循全过程原则。公路工程项目建设中,从可行性研究到交付使用的每个阶段都非常重要,不能只关注施工阶段的安全管理,因为前期的安全管理也对施工阶段的安全生产有很大影响。

6.主动原则

公路工程安全管理体系的构建应遵循主动原则。建设工程项目一贯坚持"安全第一、预防为主、综合治理"的政策，公路工程项目也不例外。为了避免事故的发生，我们必须将安全隐患扼杀在"摇篮"里，那么做好事前控制，对可能导致安全事故的危险因素进行识别、分析，积极主动地采取措施消除安全隐患就显得尤为重要。

7.动态原则

公路工程安全管理体系的构建应遵循动态原则。公路工程施工中，其所处的环境是不断变化的。因此，我们应不断地对安全管理体系进行调整，形成一个周而复始的动态循环管理过程，只有这样，才能使安全管理体系得到有效实施。

8.实用性原则

公路工程安全管理体系的构建应遵循实用性原则。在公路工程施工安全管理体系的构建中，不仅要考虑施工现场环境、作业人员、施工工艺和方法等因素，还要考虑其他与项目有关的单位的相关因素。应注意构建的公路工程安全管理体系要能与现有的安全管理体系有效衔接，方便其他项目相关方可以快速地熟悉和应用该体系，有利于体系的持续改进。

（二）公路工程施工安全管理体系构建的目标

构建公路工程安全管理体系主要是为了最大限度地减少施工过程中可能出现的各种不安全因素，为项目相关人员提供一个安全的工作环境，降低人员伤亡和财产损失。其中包括：①设置合理的安全管理机构，为现场配置相应的安全管理人员，做好安全管理工作，及时发现安全隐患并采取措施消除安全隐患，组织协调好现场人员的工作，做到有序可依、有序必依；②提高项目各相关人员的安全意识，尽量将事故发生之后再去解决事故问题变为在事故发生前就可以发现安全隐患并采取措施消除隐患，避免人员伤亡和财产损失；③营造一个互相激励、互相进步的文明、和谐、安全的施工环境氛围，提高施工现场安全管理水平，减少安全事故的发生，实现工程项目的管理目标。

二、完善公路工程施工安全管理体系的措施

（一）构建完善的公路工程施工预警体系

为了最大程度地减少公路工程施工中安全事故的出现，要构建完善的安全管理预警体系。对公路工程施工环境进行监测，了解施工区域周围的自然环境对施工的影响；监测和评价公路工程施工过程中的管理工作，明确施工单位各个部门的职责，确保安全管理制度在各个部门得到落实；监测和评价公路工程施工中的机械设备，了解设备使用情况并做好预先控制，保证设备处于最优状态；对施工人员的工作进行监测和评价，要求施工人员规范化施工，防止因为违章作业发生安全事故；监测和评价公路工程施工中的紧急救助措施，使施工单位所有人员了解应急预案，保证施工作业在短时间内恢复正常。完善的预警管理体系能够保证公路工程施工顺利开展。

（二）提高公路施工的规范性

为保障公路工程施工的顺利进行，公路施工的相关单位要牢牢把握公路工程项目的设计理念，严格遵照设计方案中的施工方法和施工要求进行规范化的施工，确保贯彻和落实安全管理体系。在严谨和规范的施工基础上，施工单位的相关人员在进行公路工程的安全管理工作时，首先，要全面了解公路工程项目招标文件的内容，结合工程项目的实际施工进度和施工量指导下一步的施工工作。其次，要牢牢把控公路施工项目进行的动向，提高安全管理体系的时效性，降低相关施工因素带来的影响，推动公路施工有序进行。

（三）制定公路施工安全事故应急预案

一般来说，公路工程施工具有的复杂性特点会导致在施工中经常出现安全事故。因此，施工单位在公路工程施工前，要全面分析公路工程的施工特点，预测在具体的施工过程中可能会出现的实际情况，并立足于实际情况，有针对性地制定安全事故紧急预

案。此外，公路工程的施工单位还要配备应急救援器材和设备、要配备具有扎实救援技术的抢救人员，确保在公路工程施工发生安全事故后，能够第一时间开展有效的救援工作。当然，施工单位还要定期对救援设备进行检测和维护，保证救援设备的安全性和可靠性，保障其能够在关键时刻发挥作用。最后，施工单位要定期开展救援演练，提升施工人员的应急救援水平。

（四）增强公路工程项目施工的安全教育

公路工程施工项目无论是从人员角度、环境角度还是设备角度来说，都具有复杂性的特点。其中，人员因素是一项十分重要的不确定因素，为了避免人为因素引发安全事故，公路工程施工单位要增强对施工项目的安全教育，使安全防护意识深入人心，提升施工人员的安全责任意识。另外，还要做好对公路施工区域的安全管理工作，在施工进行中，施工单位还要对参与施工的相关人员定期进行安全教育和培训，使其能够掌握施工流程，具备熟练运用技术和设备、独立完成规范化操作的能力。

（五）构建完善的公路工程施工安全监管体系

为推动公路工程施工顺利进行，施工单位还要构建完善的施工安全监管体系，充分发挥内部监督的作用。首先，施工单位的总负责人要统领全局，协调施工单位的各个部门，成立专门的安全领导小组，对各个部门和各环节的施工流程进行监督，保证施工环节不出现纰漏，使施工人员规范化进行施工作业。其次，领导小组要对施工中存在的各项威胁施工安全的因素进行动态化监控，随时消除施工中存在的隐患。最后，施工单位内部的施工人员之间也要发挥相互监督的作用，对施工中存在的违章行为予以制止和举报，使施工单位最终成为一个高水平的团队。

第九章　公路工程质量管理

对公路工程而言，施工质量管理工作尤为关键，不仅能够确保公路工程现场施工的顺利进行，而且能够提高公路工程的整体质量。因此，在公路工程施工质量管理过程中，管理人员必须加强对管理工作的重视并为工程施工提供制度依据，以提升公路工程整体施工水平。

第一节　公路工程质量控制的内容

一、工程质量管理策划

在对设计文件审核与分析后，项目经理应负总责，协调相关部门进行项目质量管理策划，具体包括以下内容：

①质量目标和要求；

②质量管理组织和职责；

③施工管理依据的文件；

④人员、技术、施工机具等资源的需求和配置；

⑤场地、道路、水电、消防、临时设施规划；

⑥质量控制关键点分析及设置；

⑦进度控制措施；

⑧施工质量检查、验收及相关标准；

⑨突发事件的应急措施;

⑩对违规事件的报告和处理;

⑪应收集的信息及传递方式;

⑫与工程建设有关方的沟通方式;

⑬施工管理应形成的记录;

⑭质量管理和技术措施;

⑮施工企业质量管理的其他要求。

二、现场质量检查控制

现场工程质量检查可以分为开工前检查、施工过程中检查和分项工程完成后的检查。现场质量检查控制的步骤:测量—试验—观察—分析—记录—监督—总结改进。

①开工前检查:其目的是检查现场是否具备开工条件,施工工艺与施工组织设计对照是否正确无误,开工后能否连续正常施工,能否保证工程质量。

②工序交接检查与工序检查:工序交接检查应制定相关制度并坚持实施。对工程质量有重大影响的工序,在自检、互检的基础上,还要组织专职人员进行工序交接检查以确保工序合格,使下一道工序能够顺利展开。

③隐蔽工程检查:凡是隐蔽工程均应经检查认证后方可施工。

④停工后复工前的检查:因处理质量问题或某种原因停工后再复工时,均应检查现场,无问题后方可复工。

⑤分项、分部工程完工后的检查:应按照规定的程序和要求,经相关人员检查认可并签署验收记录后,才允许进行下一步施工。

⑥成品、材料、机械设备等的检查:主要检查成品、材料等有无可靠的保护措施及其落实是否有效,以保证不出现损坏、变质等问题;检查机械设备的技术状态,以确保其处于可控制状态。

⑦巡视检查:对施工操作质量应进行巡视检查,必要时还应进行跟踪检查。

三、公路工程质量控制关键点

(一) 土方路基工程施工中常见的质量控制关键点

①施工放样与断面测量;

②路基原地面处理,按施工技术合同或规范规定要求处理并认真整平压实;

③使用适宜材料,必须采用规范规定的适用材料,保证原材料合格,确定土的最大干密度和最佳含水量;

④压实设备及压实方案;

⑤路基纵、横向排水系统设置;

⑥确定每层的松铺厚度及填筑速率;

⑦分层压实,控制填土的含水量,确保压实度达到设计要求。

土的最佳含水量是土基施工的一个重要控制参数,是土基达到最大干密度所对应的含水量。根据不同的土的性质,测定最佳含水量的试验方法通常有以下几种:①轻型、重型击实试验法;②振动台法;③表面振动击实仪法。

压实度是路基质量控制的重要指标之一,是现场干密度和室内最大干密度的比值。压实度越高、路基密实度越大,材料整体性能越好。现场压实度的测定方法有以下几种:①灌砂法;②环刀法;③核子密度湿度仪法。

(二) 路面基层 (底基层) 施工中常见的质量控制关键点

①路面基层 (底基层) 施工所采用设备组合及拌和设备计量装置校验;

②路面基层 (底基层) 所用结合料 (如水泥、石灰) 的剂量;

③路面基层 (底基层) 材料的含水量、拌和均匀性、配合比;

④路面基层 (底基层) 的压实度、弯沉值、平整度及横坡等;

⑤若采用级配碎 (砾) 石,还需要注意集料的级配和石料的压碎值;

⑥及时、有效的养护。

（三）水泥混凝土路面施工中常见的质量控制关键点

①基层强度、平整度、高程的检查与控制；

②混凝土材料的检查与试验，水泥品种及用量确定；

③水泥混凝土拌和、摊铺设备及计量装置校验；

④水泥混凝土配合比设计和试件的试验，混凝土的水灰比、外加剂掺和量、坍落度的控制；

⑤水泥混凝土的摊铺、振捣、成型；

⑥切缝时间的确定和养护技术的使用。

水泥混凝土抗折强度与抗压强度的测验是混凝土材料质量检验的两个重要试验。

水泥混凝土抗折强度试验是用规格 150 mm×150 mm×550 mm 的梁形试件在标准养护条件下达到规定龄期后，在净跨径为 450 mm 的双支点荷载作用下进行弯拉破坏，并按规定的计算方法得到强度值。

水泥混凝土抗压强度试验是以边长为 150 mm 的正立方体为标准试件，根据标准养护 28 d，再在万能试验机上按规定方法进行破坏试验测得抗压强度。当混凝土抗压强度采用非标准试件时应进行换算得到抗压强度值。通过水泥混凝土抗压强度试验，可以确定混凝土的强度等级，其是评价混凝土品质的重要指标。

（四）沥青混凝土路面施工中常见的质量控制关键点

①基层强度、平整度、高程的检查与控制；

②沥青材料的检查与试验，沥青混凝土配合比设计和试验；

③沥青混凝土拌和设备及计量装置校验；

④路面施工机械设备配置与压实方案；

⑤沥青混凝土的拌和、运输及摊铺温度控制；

⑥沥青混凝土摊铺厚度的控制和摊铺中的离析控制；

⑦沥青混凝土的碾压与接缝施工。

沥青混凝土配合比设计采用马歇尔试验配合比设计法。该法首先按配合比拌制沥青混合料，再制成规定尺寸的试件，12 h 之后测定其物理指标（包括表观密度、空隙率、沥青饱和度、矿料间隙率等），然后测定其稳定度和流值。热拌沥青混合料配合比设计应通过目标配合比设计、生产配合比设计及生产配合比验证三个阶段，确定沥青混合料的材料品种及配合比、矿料级配、最佳沥青用量。

马歇尔稳定度试验是对标准击实的试件在规定的温度和速度等条件下施压，测定沥青混合料的稳定度和流值等指标所进行的试验,这种方法适用于马歇尔稳定度试验和浸水马歇尔稳定度试验。马歇尔稳定度试验主要用于沥青混合料的配合比设计及沥青路面施工质量检验。浸水马歇尔稳定度试验主要是检验沥青混合料受水损害时抵抗剥落的能力，通过测试其水稳定性检验配合比设计的可行性。

（五）水中承台施工中常见的质量控制关键点

水中承台施工一般可采用筑岛围堰、钢板桩围堰、钢吊箱围堰、钢套箱围堰等方式。

1.钢围堰施工的质量控制关键点

①钢围堰的设计与加工制造质量控制；

②钢围堰入水、落床及入土下沉过程中平面位置、高程等的控制；

③钢围堰下沉到位后的清底及整平；

④封底混凝土浇筑时的导管布设与封底混凝土厚度控制；

⑤承台混凝土配合比设计；

⑥抽水后封底混凝土基底的调平；

⑦承台混凝土浇筑导管布设及混凝土振捣；

⑧大体积混凝土温控设施的设计、施工及大体积混凝土养护；

⑨各类预埋件的施工质量控制。

2.钢套箱施工的质量控制关键点

①钢套箱的设计与加工制造质量控制；

②钢套箱水平及竖向限位装置的施工质量控制；

③封底混凝土浇筑时的导管布设与封底混凝土厚度控制；

④承台混凝土的配合比设计；

⑤抽水后封底混凝土的调平；

⑥承台混凝土浇筑导管布设及混凝土振捣；

⑦大体积混凝土温控设施的设计、施工及大体积混凝土养护；

⑧各类预埋件的施工质量控制。

（六）公路隧道施工中常见的质量控制关键点

①正确判断围岩级别，及时调整施工方案；

②认真测量、检查和修正开挖断面，缩小超挖范围；

③制订切实可行的开挖方案；

④认真观察，收集资料，做好施工质量的信息反馈。

第二节 公路工程质量缺陷

一、确定公路工程质量缺陷性质的方法

（一）观察现场情况和查阅记录资料

对有缺陷的公路工程的施工过程、施工设备和施工操作情况等进行现场观察和检查，主要包括查阅试验检测报告、施工技术资料、施工过程记录、施工日志、施工工艺流程、施工方案、施工机械运转记录等，同时，要在特殊季节关注天气情况。

（二）检验与试验

通过检查和了解可以发现一些表面的问题，得出初步结论，但往往需要进一步的检

验与试验来加以验证。检验与试验主要是通过检查、测量与该缺陷工程有关的技术指标,以便准确找出产生缺陷的原因。例如,若发现石灰土的强度不足,则在检验强度指标的同时,还应检验石灰剂量、石灰与土的物理化学性质,以便发现石灰土强度不足的原因,如材料不合格、配比不合格、养护不好,或者其他如气候之类的原因。检测和试验的结果将作为确定公路工程质量缺陷性质和制定处理措施的主要依据。

(三)专题调研

有些质量问题仅仅通过以上两种方法仍然不能确定。例如,某大桥在交工后不到一年的时间里出现了超过规范要求的裂缝,仅通过简单的观察和查阅现有资料很难确定产生裂缝的根本原因,找不到原因也就无从确定进一步的处理措施。在这种情况下就需要采用专项调研,通过对勘测、设计、施工各个环节的调查、分析、研究,确定质量问题的性质,并为随后采取措施提供依据

在这种情况下,为了查明产生问题的根本原因,有必要组织有关方面的专家或专题调查组提出检测方案,对所得到的一系列参考依据和指标进行综合分析和研究,找出产生缺陷的原因,确定缺陷的性质。专题调研对缺陷问题的妥善解决作用重大,因此,经常被采用。

二、公路工程质量缺陷的处理方法

(一)整修与返工

缺陷的整修主要是针对局部性的、轻微的且不会给整体工程质量带来严重影响的缺陷。例如,水泥混凝土结构的局部蜂窝、麻面,道路结构层的局部压实度不足等。这类缺陷一般可以通过比较简单的修整进行处理,不会影响工程总体的关键性技术指标。由于这类缺陷很容易出现,所以整修处理方法最为常用。

返工的决定应建立在认真调查、研究的基础上。是否返工,应视缺陷经过补救后能否达到规范标准而定,对于补救后不能满足标准的工程必须返工。例如,某承包人为赶

工期，曾在雨中铺筑沥青混凝土，监理工程师只得责令承包人将已经铺完的沥青面层全部清除，重铺。

（二）综合处理方法

综合处理方法主要是针对较大的质量事故而言的。这种处理办法不像返工和整修那样简单，它是一种综合的缺陷（事故）补救措施，能够使工程缺陷（事故）以最小的经济代价和工期损失重新满足规范要求。综合处理办法因工程缺陷（事故）的性质而异，性质的确定则以大量的调查及丰富的施工经验和技术理论为基础。具体做法有组织联合调查组、召开专家论证会等。实践证明，综合处理方法是合理解决此类问题的有效途径。例如，某桥梁上部为 4 孔 20 m 预制空心板结构，下部为桩基础形式。0 号桥台施工放样时发生错误，导致第一孔跨径增加了 50 cm，发现时桩基础、承台、台身已全部完成，空心板预制了二分之一。经综合论证，采用下部不变、改变上部的方式，第一孔空心板跨径增加了 50 cm，增加费用约 2 万元，而采用返工的方式，则大约需要 8 万元费用和 2 个月的工期。

第三节 公路工程质量检验评定

一、单位工程、分部工程和分项工程的划分

（一）单位工程

单位工程是指在建设项目中，根据签订的合同，具有独立施工条件的工程。

（二）分部工程

在单位工程中，按结构部位、路段长度及施工特点或施工任务划分为若干个分部工程。

（三）分项工程

在分部工程中，按不同的施工方法、材料、工序及路段长度等划分为若干个分项工程。

二、公路工程质量评分依据

工程质量评分以分项工程为单元，采用百分制进行，在分项工程评分的基础上，计算出各相应分部工程、单位工程、合同段和建设项目评分值。

工程质量评定等级分为合格与不合格，应按分项工程、分部工程、单位工程、合同段和建设项目逐级评定。

施工单位应对各分项工程按国家相关规定的基本要求进行自检，按相关施工技术规范提交真实、完整的自检资料，对工程质量进行自我评定。

工程监理单位应按规定要求对工程质量进行抽检，对施工单位检评资料进行签认，对工程质量进行评定。

建设单位根据对工程质量的检查及平时掌握的情况，对工程监理单位所做的工程质量评分及等级进行审定。

质量监督部门、质量检测机构根据国家的相关规定对公路工程质量进行检验和评定。

三、公路工程质量评分方法

（一）分项工程质量评分

分项工程质量检验内容包括基本要求、实测项目、外观鉴定和质量保证资料四个部分。只有在其使用的原材料、半成品、成品及施工工艺符合基本要求的规定，且无严重质量问题，保证资料真实并基本齐全时，才能对分项工程质量进行检验评定。

涉及结构安全和使用功能的重要实测项目为关键项目，其合格率不得低于90%（属于工厂加工制造的交通工程安全设施及桥梁金属构件的合格率不低于95%），且检测值不得超过规定极值，否则必须返工处理。实测项目的规定极值是指任一单个检测值都不能突破的极限值，当规定极值不符合要求时，该实测项目视为不合格。

分项工程的评分值满分为100分，按实测项目采用加权平均法计算，存在外观缺陷或资料不全时，需减分。

$$分项工程得分 = \frac{\sum（检查项目得分 \times 权值）}{\sum 检查项目得分}$$

分项工程评分值＝分项工程得分－外观缺陷减分项－资料不全减分项

1. **基本要求检查**

分项工程所列的基本要求对施工质量具有关键作用，应按基本要求对工程进行认真检查。经检查不符合基本要求的规定时，不得进行工程质量的检验和评定。

2. **实测项目计分**

对规定的检查项目采用现场抽样的方法，按照规定频率和下列计分方法对分项工程的施工质量直接进行检测计分。

检查项目除按数理统计方法评定的项目外，均应按单点（组）测定值是否符合标准要求进行评定并按合格率计分。

检查项目合格率（%）＝检查合格的点（组）数/该检查项目的全部检查点（组）数
检查项目得分＝检查项目合格率×100%

3. **外观缺陷减分**

对工程外表状况应逐项进行全面检查，如发现外观缺陷应进行减分。对于较严重的外观缺陷，施工单位必须采取措施进行整修处理。

4. **资料不全减分**

分项工程的施工资料和图表残缺，缺乏基本的数据，或有伪造涂改者，不予检验和评定。

（二）分部工程和单位工程质量评分

分项工程和分部工程可以分为一般工程和主要（主体）工程，分别给予 1 和 2 的权值。进行分部工程和单位工程评分时，采用加权平均值计算法确定相应的评分值。

$$分部（单位）工程评分值 = \frac{\sum 分部（单位）工程评分值 \times 项目权值}{\sum 分部（单位）工程评分值}$$

（三）合同段和建设项目工程质量评分

合同段和建设项目工程质量评分中，施工合同段工程质量评分采用所含各单位工程质量评分的加权平均值，即

$$施工合同段工程质量评分值 = \frac{\sum（单位工程评分值 \times 该单位工程投资额）}{合同段总投资额}$$

整个工程项目工程质量评分采用加权平均法进行，即

$$工程质量评分值 = \frac{\sum（合同段工程质量评分值 \times 该合同段投资额）}{\sum 施工合同段投资额}$$

四、公路工程质量等级评定

（一）分项工程质量等级评定

分项工程评分值不小于 75 分者为合格、小于 75 分者为不合格；机电工程、属于工厂加工制造的桥梁金属构件评分值不小于 90 分者为合格，小于 90 分者为不合格。

质量等级评定为不合格的分项工程，经加固、补强或返工、调测，满足设计要求后，可以重新评定其质量等级，但计算分部工程评分值时按其复评分值的 90% 计算。

（二）分部工程质量等级评定

所属各分项工程质量全部合格，则该分部工程质量合格；所属任一分项工程质量不合格，则该分部工程质量不合格。

（三）单位工程质量等级评定

所属各分部工程质量全部合格，则该单位工程质量合格；所属任一分部工程质量不合格，则该单位工程质量不合格。

（四）合同段和建设项目质量等级评定

合同段和建设项目所含单位工程质量全部合格，则其工程质量合格；所属任一单位工程质量不合格，则合同段和建设项目工程质量不合格。

五、公路工程质量检验的意义

（一）公路工程质量检验环节的重要性

以公路工程建设为例，随着公路等级的不断提升，对公路工程的建设要求也不断提高，各级交通管理部门、施工单位虽然已经对公路质量检验提高重视，但是在现存的大环境中，仍旧有一些施工单位所用原材料的质量未能达到施工技术的要求；有些单位虽然具备足够的试验检测设备，建立了试验基地，也组织了相关的工程试验检验人员进行检验，但由于各种原因，已有资源不能充分发挥作用。

大量的工程实践经验表明：如果不重视现场的施工监测和质量管理工作，不注意实际检验，仅仅依靠以往的经验去评估工程的好坏，就容易导致在建设初期工程就出现破坏迹象。因此，必须在施工开始时就配备足量且有丰富经验的试验检验人员，建立健全工程质量检验管理体系，这样才可以达到缩短工期、提高质量、降低成本的目的。另外，工程检验人员必须努力抓好施工过程中的每一个环节，力图减少人为误差，提高检验的准确度，保证检验结果的可靠性。只有如此，工程检验环节才能发挥其应有的作用。

（二）开工阶段和施工阶段工程检验的意义

1.施工前的各项原料检验

对每一个工程项目而言，在项目开工之前，相关人员都要了解工程项目的各个部分详细的工程质量控制指标，如所使用的水泥及砂石的型号、品质、集料规格、不同型号混凝土之间的掺配，这些数据是施工中的重要参数，也是竣工后相关质量检测的重要依据。所以，及时提供科学、准确的试验数据对工程技术人员来说是十分重要的。在项目开工之前，负责工程的检验人员会依据项目的设计要求与给定的工程质量技术标准，结合施工地点的实际情况确定所要使用的施工材料，如混凝土、水泥、砂石等的相关配合比，为工程的顺利进行打下良好的基础。

就路基填土而言，最重要的两个因素是干密度和含水量，施工中应使原材料尽量达到最大干密度与最佳含水量，这就需要进行击实试验；对于沥青混合料，一般采用马歇尔试验法测量稳定度和流值等指标，而且在施工过程中，为保证路面质量，应严格控制沥青用量、摊铺温度。诸如此类的做法，既能够为工程施工提供经济、可行的配料方案，也能够为日后的施工积累大量的数据资料。所以说，原料检验是项目开工前必不可少的准备工作。

2.项目施工中的工程试验检验

就安全性能达标、工程质量好的工程而言，每道工序都需要严加把关，不仅要注重施工工艺，更要狠抓施工质量，做好施工过程中的工程试验检验工作。例如，在公路路基的施工建设中，每一层材料的选取、摊铺的厚度、配备何种碾压的机器以及所采用材料的含水量都对路基压实质量有着直接影响。在路基建设成型之后，对路面铺装的质量也有很大影响，经过多年的车辆碾压有可能使路面损毁。

现场所测得的压实度数据可以直接体现路基的强度与质量的好坏。在施工建设完成一部分之后，应该按照一定的标准对其进行检验。检验的内容主要涵盖建筑物的中线偏移量、压实度，等等。例如，对于压实度的检验，一般采用灌砂法、路面取芯法，为反映路面各结构层及土基的整体强度和刚度，一般使用弯沉仪进行测量。在进行水泥混凝土抗压、抗折程度检验时，应注意控制仪器荷载，避免由于荷载过快或过慢造成试验误差或者仪器损坏。

（三）竣工阶段工程试验检验的意义

在项目的施工过程中，合理、有效地进行工程试验检验，可以更好地了解材料的性能，从而更加合理地进行施工。在项目竣工之后，无论是项目规模的大小还是工期长短都需要进行一次整体的交工验收，在所组织的验收技术人员中，试验检验人员也是必不可少的，他们要完成很多的项目现场检验工作，如路基压实度、平整度、路面强度、隧道抗渗等，尤其是项目交工验收时，施工单位所上交的工程质量自检报告中，对于试验检验数据资料也要专门整理成册，以方便竣工时工程检验人员查阅。这些资料既反映了在工程施工中施工方对工作质量的控制情况，也体现了施工单位对工程质量检验的手段是否合理，能为验收人员评定工程质量提供重要的依据，也是该工程日后养护和维修的重要依据。

在项目完成之后，对整个工程进行检验也是一项艰巨的工程，不仅需要对该工程的整体进行试验检测，也需要对各个环节、各道工序分别进行检验，这样做的目的不仅是保证整个工程的质量，也为检验提供了具体依据。众所周知，一个完整的工程需要很多道不同的工序，在对各道工序的试验检验中，要保证各个工序的质量合格及上下级工序的衔接恰当、合理。

在对工程整体质量进行评估时，必须依据各个环节中所测得的工程相关数据，以及竣工后整个工程的整体质量，给予该工程一个综合性的评定。工程试验检验工作人员要依据相关数据评定该工程是否达到预期效果，是否符合国家的相关标准。只有这样，工程试验检验工作才能在竣工验收中起到作用。

六、公路工程质量检验工作的现状分析及改善措施

（一）公路工程质量检验工作的现状分析

1.公路工程质量检验工作未能得到重视

实验室建设需要大量的资金投入及满足相应资质等级数量要求的工程师、检验员。质量检验不能直接为企业创造价值，对有些施工单位来说，质量检验工作似乎只有投入而没有产出，这也导致施工单位对质量检验工作不够重视。因此，普遍存在检验人员在待遇方面或多或少都比其他技术和管理岗位要低的现象。加之质量检验工作是一项十分繁重、枯燥的工作，并且由于公路工程施工环境较差，其质量检验工作环境也相对较差，导致质量检验人员的工作积极性不高。

2.公路工程质量检验机制受到阻碍

随着科学技术的不断发展，公路工程质量检验技术也有所提升，但其运行机制阻碍了质量检验行业的发展。在目前的公路工程管理当中，真正具有完全独立法人地位的第三方检验机构所占比例不多，大多公路工程质量检验机构都隶属于施工或监理单位，质量检验人员的作用与投入经费的多少都会受到所属单位的制约，使得公路工程质量检验工作独立开展业务受到很多客观条件的约束和干扰，造成公路工程质量检验工作发挥作用较小。

（二）完善质量检验工作的措施

1.充分意识到加强质量检验的重要性

质量检验是为了更好地确保工程质量得到有效提升。因而，作为施工企业，必须通过检测得出各项技术参数，从而更好地开展施工，为工程质量奠定坚实基础的同时减少投资，实现施工企业经济效益的最大化。对施工企业管理者而言，只有意识到加强质量检验的重要性，才能从根本上意识到质量检验在公路工程建设中的作用，进而为质量检验工作的高效开展奠定坚实的基础。

2.切实做好施工过程中的各项质量检验工作

一是施工企业应建立设施齐全的工地实验室，配备具有较高技术水平的质量检验人员，并建立一套完整的实验室质量管理体系，从而提高实验数据的精确性、可靠性；二是对施工中的关键工序和重要施工部位进行严格监督并详细、认真地填写工程记录；三是及时对分项工程进行质量验收，验收不合格的项目坚决返工处理；四是工程竣工后应严格验收，对在验收中发现的质量隐患应及时提出，没有通过验收的工程必须返工。

3.逐步建立完善的公路工程质量保证体系

目前，我国实行的是"政府监督、社会监理、企业自检"三级质量保证体系。各级质量管理部门应各司其职，按质量第一的方针和全面质量管理要求，采取切实有效的措施，不断提高质量管理水平。在实际工作中，应严格进行质量自检，加强质量管理和质量监督，逐步建立完善的三级质量保证体系。

第四节 路基工程质量检验

一、土方路基工程质量检验

（一）基本要求

①在路基用地和取土坑范围内，应清除地表植被、杂物、积水、淤泥和表土，处理坑塘，并按规范和设计要求压实基底；

②路基填料应符合规范和设计的规定，经认真调查、试验后合理选用；

③填方路基分层填筑压实，保证每层表面平整、路拱合适、排水良好；

④施工临时排水系统应与设计排水系统相结合，避免冲刷边坡，勿使路基附近积水；

⑤在设定取土区内合理取土，不得滥开、滥挖。完工后应按要求对取土坑和弃土场进行修整，保持合理的几何外形。

（二）实测项目

土方路基实测项目有压实度、弯沉值、纵断高程、中线偏位、宽度、平整度、横坡、边坡。

二、石方路基工程质量检验

（一）基本要求

①石方路堑的开挖宜采用光面爆破法，爆破后应及时清理险石、松石，确保边坡安全、稳定。

②修筑填石路堤时应进行地表清理，逐层水平填筑石块，摆放平稳，码砌边部。填筑层厚度及石块尺寸应符合设计和施工规范的规定，填石空隙用石渣、石屑嵌压稳定。上、下路床填料和石料最大尺寸应符合规范规定。采用振动压路机分层碾压，压至填筑层顶面石块稳定，用18 t以上的压路机振压两遍无明显标高差异。

③路基表面应整修平整。

（二）实测项目

石方路基实测项目有压实度、纵断高程、中线偏位、宽度、平整度、横坡、边坡坡度和平顺度。

三、砌体挡土墙质量检验

（一）基本要求

①石料或混凝土预制块的强度、规格和质量应符合有关规范和设计要求。
②砂浆所用的水泥、沙、水的质量应符合有关规范的要求，按规定的配合比施工。
③地基承载力必须满足设计要求，基础埋置深度应满足施工规范要求。
④砌筑应分层错缝。浆砌时，坐浆挤紧，嵌填饱满密实，不得有空洞；干砌时，不得松动、叠砌和浮塞。
⑤沉降缝、泄水孔、反滤层的设置位置、质量和数量应符合设计要求。

（二）实测项目

砌体挡土墙实测项目有砂浆强度、平面位置、顶面高程、竖直度或坡度、断面尺寸、底面高程、表面平整度；

干砌挡土墙实测项目有平面位置、顶面高程、竖直度或坡度、断面尺寸、底面高程、表面平整度。

四、路基填筑方面的质检

（一）挖方路基的质检

修筑公路时应填挖结合，挖方经实验室试验后可用，但不能用于填方，这样的则为弃方。挖方的利用是施工单位节省资金的一个重要来源。挖方路基不同于填方路基的要求和外观评定。挖方路基在距路基顶面 80 cm 处进行分层换填，换填当地最好的料种。

（二）基坑回填的质检

基坑回填指的是将路基与桥台之间的基坑进行回填,回填从桥基础开始填至原地面或路基现层面。路基填筑需要分层填筑,质检人员应在台背上按照要求画出红线,红线间距为20 cm,来指导施工,让施工人员根据红线进行分层施工。基坑回填时,一般机械不能入内,须用小夯进行夯实,小夯振压至填筑层面不松散。填筑材料必须为石渣等透水性材料,否则视为不合格。基坑回填时应注意石块粒径,大粒径石块必须拣出或砸碎,否则会影响质量。基坑填筑完后,不能直接在盖板涵和涵洞顶面跑车,防止车辆压裂盖板涵和涵洞。

(三)台背回填的质检

大多数台背回填的基础是基坑回填,待填至与原地面相平后,则变为台背回填。台背回填时也要分层回填,质检员按要求在台背上画出红线,红线间距为20 cm,来指导施工。台背回填的宽度为台身的高度再加上2 m,其中填筑时必须用透水性材料分层填筑。填筑完后用机械振压,机械振压不到的地方用小夯夯实。桥梁施工时,若台背后填筑了非透水性材料,必须清除干净再进行回填。台背回填的速度应慢于路基填筑,正确程序是填筑一层路基,压实后,回填一层台背,直到顶面。另外,对填筑材料的粒径也应加以控制。

第五节 路面工程质量检验

一、水泥稳定粒料路面基层、底基层的检验

(一)基本要求

①粒料应符合设计和施工规范的要求,根据当地料源选择质坚、干净的粒料,矿渣应分解稳定,未分解的渣块应予以剔除;

②水泥用量和矿料级配按设计要求控制准确；

③摊铺时要注意消除离析现象；

④混合料处于最佳含水量状态下，用重型压路机碾压至规范要求的压实度，从加水拌和到碾压完成的时间不应超过 3 h；

⑤碾压检验合格后立即覆盖或洒水养护，养护要符合规范要求。

（二）实测项目

①水泥稳定粒料（碎石、沙砾或矿渣等）基层和底基层实测项目包括压实度、平整度、纵断高程、宽度、厚度、横坡、强度；

②级配碎（砾）石或填隙碎石（矿渣）基层和底基层实测项目有压实度、弯沉值、平整度、纵断高程、宽度、厚度、横坡。

二、水泥混凝土面层的检验

（一）基本要求

①基层质量必须符合规定要求，同时要进行弯沉测定，测算的基层整体模量应满足设计要求；

②水泥强度、物理性能和化学成分应符合国家标准及有关规范的规定；

③粗细集料、水、外加剂及接缝填缝料应符合设计和施工规范的要求；

④施工配合比应根据现场测定水泥的实际强度进行计算并经试验确定最佳配合比；

⑤接缝的位置、规格、尺寸及传力杆、拉力杆的设置应符合设计要求；

⑥路面拉毛或机具压槽等抗滑设计，其构造深度应符合施工规范要求；

⑦面层与其他构造物相接应平顺，检查井盖顶面高程应高于周边路面 1～3 mm，雨水口标高按设计比路面低 5～8 mm，路面边缘无积水现象；

⑧混凝土路面铺筑后按施工规范要求进行养护。

（二）实测项目

水泥混凝土面层实测项目有水泥混凝土面板的弯拉强度、平整度、板厚度、水泥混凝土路面的抗滑构造深度、相邻板间的高差、纵横缝顺直度、水泥混凝土路面中线平面偏位、路面宽度、纵断高程和路面横坡。

三、沥青混凝土面层和沥青碎石面层的检验

（一）基本要求

①沥青混合料的矿料质量及矿料级配应符合设计要求和施工规范的规定；

②严格控制各种矿料和沥青用量及各种材料和沥青混合料的加热温度，沥青材料及混合料的各项指标应符合设计和施工规范要求。沥青混合料的生产，每日应做抽提试验、马歇尔稳定度试验。矿料级配、沥青含量、马歇尔稳定度实验等结果的合格率应不小于90%；

③拌和后的沥青混合料应均匀一致，无花白、无粗细料分离和结团成块现象；

④基层必须碾压密实，表面干燥、清洁、无浮土，其平整度和路拱度应符合要求；

⑤摊铺时，应严格控制摊铺厚度和平整度，避免离析，注意控制摊铺和碾压温度，碾压至规范要求的密实度。

（二）实测项目

沥青混凝土面层和沥青碎（砾）石面层的实测项目有厚度、平整度、压实度、弯沉值、渗水系数、抗滑（含摩擦系数和构造深度）、中线平面偏位、纵断高程、路面宽度及路面横坡。

参 考 文 献

[1] 蔡延喜.公路工程软基处理绿色施工技术应用研究[D].北京：清华大学，2017.

[2] 陈传德.公路工程管理与实务[M].北京：人民交通出版社.2008.

[3] 陈华卫.公路工程施工组织设计[M].北京：人民交通出版社.2011.

[4] 陈江帆.公路工程施工安全管理绩效评价[D].武汉：华中科技大学，2009.

[5] 陈胜博.公路工程施工质量信息化控制技术研究[D].西安：长安大学，2012.

[6] 戴步卿.论公路工程施工技术与管理[M].石家庄：河北科学技术出版社.2007.

[7] 邓超，张晓战.公路工程施工技术[M].郑州：黄河水利出版社.2013.

[8] 段志刚.公路施工中软土地基处理技术应用研究[J].交通世界，2016（32）：12-13.

[9] 贺小玉.公路施工项目成本管理[D].西安：长安大学，2005.

[10] 侯波.公路工程造价管理体系及确定方法与控制模式研究[D].西安：长安大学，2010.

[11] 侯超.公路项目新型建管模式施工招标评标方法研究[D].西安：长安大学，2018.

[12] 李博.公路沥青路面施工中振荡压实技术应用研究[J].科技创新与应用，2017（06）：246.

[13] 李栋国，张洪军.道路桥梁工程施工技术[M].武汉：武汉大学出版社.2014.

[14] 李峰.沥青混凝土公路施工技术在公路工程施工中的应用研究[J].低碳世界，2019（03）：241-242.

[15] 李婷婷.山区公路施工安全管理体系与风险评价方法研究[D].西安：长安大学，2013.

[16] 刘江东.BIM在公路工程进度管理中的应用研究[D].长沙：长沙理工大学，2019.

[17] 欧阳凤.基于互联网的公路施工成本管理及评测方法研究[D].广州：广州大学，2017.

[18] 潘宝峰.道路路基与路面工程[M].大连：大连理工大学出版社.2009.

[19] 齐翼.公路工程施工安全标杆管理研究[D].长沙：长沙理工大学，2016.

[20] 申爱国.桥梁工程施工技术[M].武汉：武汉大学出版社.2016.

[21] 宋高嵩，石振武.道路路基路面工程[M].北京：北京理工大学出版社.2017.

[22] 苏洁.公路工程绿色施工熵理论模型研究[D].武汉：武汉轻工大学，2016.

[23] 孙翰耕，王琨.公路工程施工技术[M].济南：山东大学出版社.2010.